Metodologia da Pesquisa em Educação Física

INSTITUTO PHORTE EDUCAÇÃO
PHORTE EDITORA

Diretor-Presidente
Fabio Mazzonetto

Diretora Financeira
Vânia M. V. Mazzonetto

Editor-Executivo
Fabio Mazzonetto

Diretora Administrativa
Elizabeth Toscanelli

Conselho Editorial
Francisco Navarro
José Irineu Gorla
Marcos Neira
Neli Garcia
Reury Frank Bacurau
Roberto Simão

Metodologia da Pesquisa em Educação Física

Construindo sua monografia, artigos e projetos

4ª edição
Revisada e atualizada

Mauro Gomes de Mattos
Adriano José Rossetto Júnior
Shelly Blecher Rabinovich

São Paulo, 2017

Metodologia da pesquisa em Educação Física: construindo sua monografia, artigos e projetos
Copyright © 2004, 2006, 2008, 2017 by Phorte Editora

Rua Rui Barbosa, 408
Bela Vista – São Paulo – SP
CEP 01326-010
Tel./fax: (11) 3141-1033
Site: www.phorte.com.br
E-mail: phorte@phorte.com.br

Nenhuma parte deste livro pode ser reproduzida ou transmitida de qualquer forma, sem autorização prévia por escrito da Phorte Editora Ltda.

CIP-BRASIL. CATALOGAÇÃO NA PUBLICAÇÃO
SINDICATO NACIONAL DOS EDITORES DE LIVROS, RJ

M392m
    Mattos, Mauro Gomes de
    Metodologia da pesquisa em educação física : construindo sua monografia, artigos e projetos / Mauro Gomes de Mattos, Adriano José Rossetto Júnior, Shelly Blecher Rabinovich. – 4. ed. rev. atual. – São Paulo : Phorte, 2017.
    224 p. : il. ; 28 cm.

    Inclui bibliografia
    ISBN 978-85-7655-613-8

    1. Educação física – Pesquisa – Metodologia. 2. Pesquisa – Metodologia. I. Rossetto Júnior, Adriano José. II. Rabinovich, Shelly Blecher. III. Título.

16-33723   CDD: 001.42
                   CDU: 001.81

---

ph0197.4

Este livro foi avaliado e aprovado pelo Conselho Editorial da Phorte Editora.

Impresso no Brasil
Printed in Brazil

Aos meus alunos, pelo apoio e pelo reconhecimento de meu trabalho, que tornam cada aula um momento de prazer e aprendizado para mim, e, dessa forma, contribuem para maximizar o significado de trabalhar pela educação continuada de profissionais da Educação Física.

Mauro Gomes de Mattos

À Claudia, mulher companheira nos momentos mais escuros e difíceis, e parceira das maiores alegrias, que está sempre a meu lado. Seu apoio e amor são fundamentais. Simplesmente linda!

Adriano José Rossetto Júnior

Ao meu avô, Jacob, pela presença e pelo carinho de sempre. Aos meus avós, Bessie, Dora e Luiz (*in memoriam*), o meu eterno amor.

Shelly Blecher Rabinovich

AGRADECIMENTOS

Às pessoas que colaboraram para a formulação deste livro, tantas que seria impossível não esquecer algumas. Mas uma, em especial, merece ser mencionada por nós, pois, abdicando de suas merecidas férias, auxiliou-nos de forma proativa com a correção de textos, infraestrutura de apoio, e sempre com simpatia e cordialidade especiais: Márcia Matie Kumada, agradecemos de coração a sua ajuda.

Mauro, Adriano e Shelly

APRESENTAÇÃO

Após anos convivendo no mundo acadêmico e tendo contato direto com os discentes, suas angústias e seus problemas com o curso universitário, fosse ele de graduação e/ou pós-graduação *lato sensu*, constatamos que um dos fatores mais preocupantes para os alunos é a elaboração e a confecção dos trabalhos acadêmicos. Suas dúvidas sempre giram em torno das exigências da ciência e da instituição de ensino superior, itens obrigatórios, normalização padronizada e redação dos diferentes trabalhos científicos solicitados.

Cientes dessas necessidades dos alunos e pressionados pela rápida evolução da ciência nas diversas áreas do conhecimento nos dias atuais, entendemos ser oportuna a elaboração deste livro, com a finalidade de facilitar a execução de trabalhos acadêmicos e pesquisas dos discentes.

Assim, conhecedores das dificuldades e dos anseios dos discentes de Educação Física, surgiu a ideia da elaboração de um manual que reunisse as informações relativas às exigências atuais dos trabalhos científicos. Lembramos que a obra não tem a pretensão de esgotar o assunto, nem mesmo discutir os princípios ou comparar-se às obras consagradas de autores como Severino, Thomas, Nelson, Marconi, Lakatos, Cervo, Bervian, Thiollent, Salomon e Ruiz, referenciais básicos que abordam também aspectos epistemológicos da pesquisa científica.

Em virtude da articulação teórico-prática adquirida por meio da enorme experiência em ministrar aulas de metodologia da pesquisa científica nos cursos de graduação e pós-graduação *lato sensu* em Educação Física, sentimos a necessidade de criar um documento que sintetizasse e reunisse os principais referenciais e, assim, subsidiasse a tarefa de elaborar um trabalho acadêmico, fornecendo as normas e os padrões de apresentação, bem como estrutura, métodos e técnicas referentes à sua elaboração.

Nossa compreensão sobre o problema de ensino, pesquisa, elaboração e redação de estudos acadêmicos leva-nos à tentativa de esclarecer o assunto por meio de síntese da literatura consagrada sobre o tema, conjuntamente à confecção e à inserção de exemplos e modelos práticos relacionados à área da Educação Física.

Dessa forma, constitui-se com o objetivo deste manual colaborar para a ampliação da pesquisa em Educação Física e apoiar os alunos na realização de seus estudos. A obra foi esquematizada com a preocupação de possibilitar aos pesquisadores iniciantes os fundamentos elementares para seus trabalhos acadêmicos.

Portanto, esperamos suprir, com nossa prática como educadores e pesquisadores, algumas de suas dúvidas a respeito do laborioso, mas gratificante mundo da pesquisa científica, com as informações e os dados que agregamos ao conhecimento teórico durante esses anos de trabalho com nossos alunos.

Mauro Gomes de Mattos
Adriano José Rossetto Júnior
Shelly Blecher Rabinovich

PREFÁCIO

É com imenso prazer que prefacio esta importante colaboração para a metodologia da pesquisa científica aos estudantes de Educação Física de graduação e pós-graduação *lato sensu* do Brasil.

Este livro, escrito pelos conceituados professores de Educação Física, doutor Mauro Gomes de Mattos, doutor Adriano José Rosseto Júnior e doutora Shelly Blecher Rabinovich, coloca a metodologia da pesquisa científica para os estudantes de Educação Física do Brasil em um novo patamar de entendimento e de aceitação dessa área do conhecimento para a sua formação profissional, e fará que a monografia de conclusão dos cursos de graduação e pós-graduação *lato sensu* seja encarada de forma prazerosa para os estudantes, pois, no Capítulo I, temos, de maneira muito simples, porém não menos profunda, a discussão do conceito de pesquisa científica, para, em seguida, definirmos o método científico e como este deve ser realizado na prática, já que isso é de extrema importância para o iniciante na pesquisa científica.

No Capítulo II, os autores abordam as fases da pesquisa, deixando muito claro ao aluno tudo o que é necessário para que uma pesquisa tenha início e fim, sem que exista correria no final dos trabalhos. Partindo de um bom planejamento, passando para o desenvolvimento e realização, chegando à redação do texto e, após isso, quais os meios para a divulgação do trabalho, como a apresentação de painéis e a elaboração de artigos científicos.

No Capítulo III, é abordada a monografia, que é o tema central deste livro, no qual será discutida sua apresentação.

No Capítulo IV, será a vez da estrutura e do processo de construção da monografia, indicando os componentes pré-textuais obrigatórios, passando para os elementos textuais e finalizando com os pós-textuais.

No Capítulo V, será discutida a estrutura de um projeto de pesquisa, pois, para fazer uma boa pesquisa, o projeto bem-feito é de extrema importância.

No Capítulo VI, será abordado o assunto *Referências*, do qual os autores tratam com muita propriedade.

Para finalizar, estou muito satisfeito e feliz pelo convite feito pelo professor doutor Mauro Gomes de Mattos para escrever o prefácio desta obra, pois foi ele que, há muitos anos, me estendeu a mão e me deu grande oportunidade para que eu pudesse ingressar como docente na instituição de ensino na qual ele era coordenador pedagógico. Ao caro professor Mauro Mattos, meu eterno agradecimento, pois, sem o seu empurrão, eu não teria alcançado o que alcancei como professor.

Tenho certeza de que esta obra – fruto da competência de Mauro Mattos, Adriano Rosseto e Shelly Rabinovich – ajudará muitos alunos a realizarem suas monografias e seus artigos, e de que estas terão muito mais qualidade do que já têm hoje.

Parabéns por este projeto!

Professor doutor Francisco Navarro

SUMÁRIO

CAPÍTULO I – PESQUISA CIENTÍFICA 23

1.1 NECESSIDADE DA METODOLOGIA DA PESQUISA CIENTÍFICA..... 23

1.2 CLASSIFICAÇÃO DOS TRABALHOS CIENTÍFICOS 23

1.3 A MONOGRAFIA.. 24

1.4 CONHECIMENTOS NECESSÁRIOS PARA ELABORAR A MONOGRAFIA.. 25

1.5 O CONCEITO DE CIÊNCIA 26

1.6 CARACTERIZANDO A PESQUISA 29

1.7 DEFINIÇÃO DO MÉTODO....................................... 29

1.8 MÉTODO CIENTÍFICO.. 30

1.9 MÉTODO DE ABORDAGEM OU PROCESSO LÓGICO DE RACIOCÍNIO.. 32

1.10 TIPOS DE PESQUISA E MÉTODOS DE PROCEDIMENTOS........... 37

    1.10.1 Pesquisa direta... 37

    1.10.2 Pesquisa indireta 41

1.11 DEFINIÇÃO DE METODOLOGIA CIENTÍFICA 43

CAPÍTULO II – AS FASES DA PESQUISA 47

2.1 PLANEJAMENTO DA PESQUISA 47

    2.1.1 Escolha do assunto ou do tema da pesquisa 48

    2.1.2 Delimitação do tema de pesquisa: o enfoque específico do estudo 49

    2.1.3 Levantamento de material bibliográfico 50

    2.1.4 Compilação das obras e dos trabalhos sobre o tema 50

    2.1.5 Fichamento.. 51

    2.1.6 Formulação do problema de pesquisa....................... 52

    2.1.7 Estipulação dos objetivos 54

    2.1.8 Definição dos objetos de estudo 55

    2.1.9 Justificativa da pesquisa 56

    2.1.10 Fundamentação teórica.................................. 58

    2.1.11 Limitações da pesquisa (somente para pesquisa direta de campo e laboratorial).. 60

    2.1.12 Definição dos procedimentos e dos instrumentos de pesquisa (direta de campo ou laboratorial) 64

    2.1.13 Programação da pesquisa................................ 81

2.2 DESENVOLVIMENTO E REALIZAÇÃO DA PESQUISA 84

2.2.1 Revisão de literatura **84**

2.2.2 Coleta de dados (pesquisas diretas de campo e laboratorial) **84**

**2.2.3 Análise e interpretação dos dados (somente nas pesquisas
diretas de campo ou de laboratório)** **84**

2.3 REDAÇÃO DO TEXTO FINAL DO ESTUDO 89

2.3.1 Introdução **89**

2.3.2 Desenvolvimento **90**

2.3.3 Conclusões ou considerações finais **90**

2.4 EXPOSIÇÃO DO TRABALHO. 91

2.4.1 Painel **91**

2.4.2 Artigo científico **97**

2.5 APÊNDICE. 107

CAPÍTULO III – MONOGRAFIA: APRESENTAÇÃO **113**

3.1 FORMAS DE APRESENTAÇÃO DA MONOGRAFIA. 113

3.2 FORMATO. 113

3.3 MARGEM. 113

3.4 ESPACEJAMENTO 113

3.5 PARÁGRAFO 114

3.6 INDICATIVOS DOS TÍTULOS (CAPÍTULOS) DA PESQUISA 114

3.7 INDICATIVO DE SEÇÕES E SUBSEÇÕES DA MONOGRAFIA 115

3.8 PAGINAÇÃO. 116

3.9 NOTAS DE RODAPÉ 116

3.10 ALINHAMENTO DO TEXTO. 117

3.11 ENCADERNAÇÃO. 117

**CAPÍTULO IV – ESTRUTURA E PROCESSO DE CONSTRUÇÃO DA
MONOGRAFIA** **121**

4.1 COMPONENTES OBRIGATÓRIOS DA MONOGRAFIA 121

4.1.1 Parte externa **122**

4.1.2 Parte interna **124**

4.2 TÍTULO. 172

CAPÍTULO V – ESTRUTURA DO PROJETO DE PESQUISA 177

5.1 PROJETO DE PESQUISA 177

5.1.1 Capa (quem?) 178

5.1.2 Resumo 179

5.1.3 Introdução 179

5.1.4 Base teórica ou quadro teórico 182

5.1.5 Método (como?, com quê?, onde?, quantos?) 182

5.1.6 Cronograma de execução (quando?) 183

5.1.7 Referências 184

5.1.8 Anexos 184

5.1.9 Observações 184

CAPÍTULO VI – CITAÇÕES E REFERÊNCIAS 205

6.1 CITAÇÕES 205

6.1.1 Citação direta 205

6.1.2 Citação indireta 207

6.1.3 Citação de citação 207

6.1.4 Citação mista 208

6.1.5 Citações no corpo do texto 209

6.2 REFERÊNCIAS 212

6.2.1 Localização 212

6.2.2 Regras gerais de apresentação 213

6.2.3 Ordenação 213

6.2.4 Livro 215

6.2.5 Publicações de entidades coletivas (órgãos governamentais, empresas, instituições, associações e outros) 218

6.2.6 Referências legislativas – leis, decretos e normas 218

6.2.7 Eventos científicos (congressos, seminários, simpósios e outros) 219

6.2.8 Verbetes de enciclopédias e dicionários 219

6.2.9 Teses, Dissertações e Monografias 220

6.2.10 Publicações periódicas. 221

6.2.11 Outras fontes (apostilas, referências no prelo, material xerocopiado e outros) 222

REFERÊNCIAS 227

LISTA DE FIGURAS

Figura 1 – Ciência 27
Figura 2 – Método científico 31
Figura 3 – Esquema das etapas do método hipotético-dedutivo 36
Figura 4 – Sustentação científica da pesquisa direta 38
Figura 5 – Exemplo de esquema de quadro teórico inicial 59
Figura 6 – Padrão do fluxo sanguíneo no coração 88
Figura 7 – Exemplo de esquema de um painel 93
Figura 8 – Logotipo do Instituto Esporte & Educação 103

LISTA DE GRÁFICOS

Gráfico 1 – Velocidade de drible 2...87

Gráfico 2 – Velocidade de drible do basquetebol...104

LISTA DE QUADROS

Quadro 1 – Cronograma de pesquisa direta, campo ou laboratório...82

Quadro 2 – Cronograma de pesquisa indireta, bibliográfica ou documental....................................83

Quadro 3 – Objetivos da educação infantil...87

Quadro 4 – Questionário medidas de opinião sobre a relação da prática motora e autoestima......103

Quadro 5 – Estrutura da monografia...121

Quadro 6 – Expressões a serem evitadas...159

LISTA DE TABELAS

Tabela 1 – Desempenho experimental do teste de Cooper 41
Tabela 2 – Tamanho da amostra 68
Tabela 3 – Desempenho relativo à intensidade de treinamento em mulheres de 50 a 60 anos......... 87
Tabela 4 – Porcentagem de questionários aplicados à população.. 103

Pesquisa científica

CAPÍTULO I – PESQUISA CIENTÍFICA

1.1 NECESSIDADE DA METODOLOGIA DA PESQUISA CIENTÍFICA

Para escrever um trabalho acadêmico, é preciso ter conhecimento de alguns conceitos fundamentais. Muitas pessoas ingressam nos cursos de pós-graduação sem ter feito uma monografia na graduação, desconhecendo, assim, a base teórica para realizá-la.

A necessidade de pesquisar continuamente é indiscutível em qualquer profissão. Se não houvesse pesquisa, o conhecimento nas diversas áreas do saber permaneceria estático, sem mudanças e sem inovações. Antes de falar da construção do trabalho acadêmico propriamente dito, torna-se essencial apresentar algumas premissas e conceitos para a realização de pesquisas científicas.

Com base nas respostas a algumas dúvidas frequentes, formuladas por alunos/pesquisadores iniciantes, apresentam-se os pressupostos teóricos que embasam a metodologia da pesquisa científica.

1.2 CLASSIFICAÇÃO DOS TRABALHOS CIENTÍFICOS

Os tipos de trabalhos científicos estão relacionados ao grau de formação acadêmica que se pretende requisitar com a elaboração da pesquisa científica: a monografia, nos cursos de graduação e pós-graduação *lato sensu* (especialização), e, nos cursos de pós-graduação *stricto sensu*, a dissertação (mestrado) e a tese (doutorado). O artigo científico, por sua vez, pode ser produzido por estudantes/pesquisadores de todos os níveis acadêmicos, por tratar-se de uma síntese de pesquisas científicas para comunicação dos conhecimentos à comunidade científica e profissional.

A Associação Brasileira de Normas Técnicas, na NBR 14724 (ABNT, 2011) apresenta a definição dos trabalhos científicos:

- *Monografia*: abordagem de assunto único, com discussão sucinta baseada em conceitos e teorias, que, às vezes, pode envolver coleta de dados, caracterizando um ensaio teórico, discursivo, descrição de experimento.
- *Dissertação*: estudo em que o pesquisador concentra, analisa e interpreta dados e informações a respeito de um fenômeno, mostrando domínio de tudo o que foi relatado e apontado sobre o objeto de estudo.
- *Tese*: representa a originalidade do pesquisador na investigação, constituindo-se na construção de novos conhecimentos sobre os objetos de estudo pesquisados.

Nesta obra, aprofundam-se os conhecimentos sobre a *monografia*, porque se trata do trabalho a ser realizado nos cursos de graduação e pós-graduação *lato sensu* (especialização), na elaboração de artigo científico que sintetiza os conhecimentos da monografia, a fim de divulgá-los em revistas e encontros científicos (congressos, seminários e simpósios), e na estruturação de projetos de pesquisa para o ingresso em cursos de pós-graduação *stricto sensu* (mestrado e doutorado).

1.3 A MONOGRAFIA

A **monografia** é o primeiro passo da atividade científica quando o aluno/pesquisador realiza uma pesquisa ao término de um curso de graduação ou dá continuidade a seus estudos na pós-graduação.

> De acordo com o sentido etimológico, a palavra monografia significa *monos* (um só) e *graphein* (escrever), ou seja, escrever a respeito de um objeto que se tem uma hipótese ou sobre um problema a ser resolvido. Assim, pode-se afirmar que monografia é um estudo aprofundado de um tema específico e muito bem delimitado. (SALOMON, 2001, p. 219).

A monografia é um trabalho científico que observa, acumula e organiza informações sistematicamente e de maneira padronizada, as quais são expostas posteriormente em forma de texto redigido pelo pesquisador, que procura relacioná-las com seu objeto de estudo. O pesquisador utiliza como embasamento teórico livros, artigos e outros trabalhos relacionados com o tema pesquisado. Após essa etapa, ocorre a comunicação dos resultados, descobertas e conclusões obtidas no decorrer do trabalho científico.

Lakatos e Marconi (2001, p. 235) afirmam que "a característica essencial da monografia não é a extensão, mas o caráter do trabalho, a profundidade, a exatidão (tratamento de tema delimitado) e a qualidade da tarefa", fatores que a transformam em uma pesquisa científica.

A monografia pode ser considerada pesquisa direta ou indireta. Normalmente, nos cursos de graduação e/ou pós-graduação *lato sensu* (especialização), realiza-se a pesquisa indireta, que utiliza o método de procedimento bibliográfico, porque são os primeiros contatos do aluno/pesquisador com a área temática que pretende estudar. Deixa-se para estudos posteriores, como mestrado e doutorado, a pesquisa direta. Os métodos para a realização de pesquisa direta são mais complexos e trabalhosos, o que torna maiores as exigências de tempo e de experiência em pesquisas. Dificulta a sua realização nos cursos iniciais o fato de o aluno/pesquisador ter seu tempo de estudo dividido com outras tarefas acadêmicas, como seminários e provas, e, muitas vezes, com a atividade profissional.

Percebe-se que, ao se discutir a monografia, surgem termos e conceitos, como tipos e métodos de pesquisa científica. Desse modo, primeiramente, é preciso descobrir e desvelar esses termos. Inicialmente, será explicitado o que é uma pesquisa científica, os conhecimentos necessários para realizá-la, bem como os tipos e métodos de pesquisas monográficas mais utilizados em nível *lato sensu.*

1.4 CONHECIMENTOS NECESSÁRIOS PARA ELABORAR A MONOGRAFIA

O conhecimento é algo que se adquire com o tempo e com as experiências, indicando relação direta entre o sujeito que busca conhecer e o objeto conhecido. O bebê, ao nascer, é totalmente dependente do adulto; seus conhecimentos são mínimos, mas, com o passar do tempo, a maturação biológica e a interação com o meio ambiente e com as pessoas que fazem parte de seu cotidiano, adquire conhecimentos essenciais para sua vida.

Segundo Lakatos e Marconi (2001), existem várias formas de conhecimento: popular, religioso, filosófico e científico. Nesta obra, caracterizam-se os conhecimentos científicos, que são relacionados aos conhecimentos necessários à vida acadêmica e profissional.

De acordo com Cervo e Bervian (2002), o conhecimento científico busca não só os fenômenos ou os objetos, mas, também, suas causas, leis e consequências, revisando e reavaliando ideias, pensamentos, hipóteses e resultados de um determinado fato ou acontecimento.

O conhecimento científico é factual, porque lida com ocorrências e fatos; contingente, pois suas proposições têm veracidade ou falsidade conhecida por meio da experiência; sistemático, pois é um saber ordenado e que forma um sistema de ideias; verificável e falível, e, em virtude de não ser definitivo e absoluto, é aproximadamente exato e dinâmico.

Para distinguir o conhecimento científico das outras formas de conhecimento, é necessário reconhecer as formas de reflexão e discurso de ideias e fenômenos: o senso comum, a ciência e a ideologia (DEMO, 1980).

O cidadão tem o direito de se expressar em uma sociedade democrática, dizendo o que pensa e o que quer, sem se preocupar com regras, pressupostos, princípios ou leis naturais e sociais, obrigando-se apenas a não ofender o interlocutor e terceiros. Essa forma de expressão caracteriza o discurso de senso comum. Assim, confundem-se razão e emoção, crenças e lógicas, ciência e religião, fazendo a argumentação não confiável e fidedigna. Esse discurso é comum em rodas de amigos, mesas de bares, eventos que reúnem pessoas de diferentes profissões e níveis sociais.

Como no senso comum, no discurso da ideologia, a verdade não se estabelece pela verdade dos fatos, mas pelo interesse do locutor. Apesar de mais racional e estruturado, o intuito é convencer deliberadamente as outras pessoas de suas ideias e convicções preestabelecidas. Esse tipo de discurso pode ser percebido em locais e instituições que defendem determinados posicionamentos, como sindicatos, partidos políticos, instituições religiosas e comunitárias.

O discurso científico encontra-se entre as duas formas anteriores, pois comunica a realidade dos fatos, a compreensão dos acontecimentos reais. Ao contrário da ideologia, sabe-se, aqui, que a verdade é provisória, já que a realidade sofre constantes mudanças. Dessa forma, o discurso científico procura explicar os acontecimentos e fazer prognósticos para decisões futuras com base em argumentos e fatos que balizam o posicionamento, mas sempre se mantendo próximo à realidade de forma sistemática, controlada e rigorosa (BRASIL, 2004).

É imprescindível a diferenciação das formas de discurso para que a argumentação não seja contaminada pelo senso comum ou pela ideologia. Caso isso não ocorra, o processo de pesquisa torna-se inviável e fadado ao fracasso. Se mantidos esses discursos, a verdade dos fatos torna-se comprometida e não se obtém a exatidão do que se investiga, pois o trabalho está impregnado de preconceitos, crenças e paradigmas. Pautando-se pelo discurso científico, o pesquisador se mantém aberto à aceitação da realidade dos fatos e de outras argumentações, que, nos demais discursos, seriam recusadas.

Quando se discute o conhecimento científico, surge uma dúvida entre os alunos: o que é científico e o que é procedente da ciência? Consequentemente, isso os leva a questionar o conceito de ciência.

1.5 O CONCEITO DE CIÊNCIA

A **ciência** surgiu em razão da necessidade de os homens saberem o porquê dos acontecimentos, ou seja, descobrirem como cada evento, novidade, curiosidade e descoberta acontecia. Existem várias áreas da ciência: naturais, exatas e sociais, pois o ser humano busca respostas para os fenômenos e problemas de diferentes campos da vida.

Assim, a **ciência** pode ser definida como uma busca constante de explicações e soluções para os problemas que afligem e incomodam o ser humano. Para Lakatos e Marconi (2001, p. 80), ciência é a sistematização de conhecimentos, ou seja, "um conjunto de proposições lógicas correlacionadas sobre um comportamento de certos fenômenos que se deseja estudar".

De acordo com Thomas e Nelson (2002), a ciência é uma investigação disciplinada, e não um conjunto de procedimentos não relacionados entre si. É realizada de forma sistemática e padronizada, ou seja, efetivada por meio de um método específico e controlado.

A ciência busca respostas a problemas, é "a investigação metódica e organizada da realidade, para descobrir a essência dos seres e dos fenômenos e as leis que os regem, como fim de aproveitar as propriedades das coisas e dos processos naturais em benefício do homem" (PINTO, 1979, p. 30 apud RICHARDSON, 1985, p. 21).

As diversas ciências (Matemática, Física, Fisiologia, Biologia, Sociais etc.) têm objetivos, funções e objetos de pesquisa específicos, que podem ser subdivididos em materiais (algo que se pretende estudar de modo geral) e formais (enfoque específico de um determinado objeto material). A ciência é dinâmica, um processo de construção que se transforma com as necessidades da sociedade.

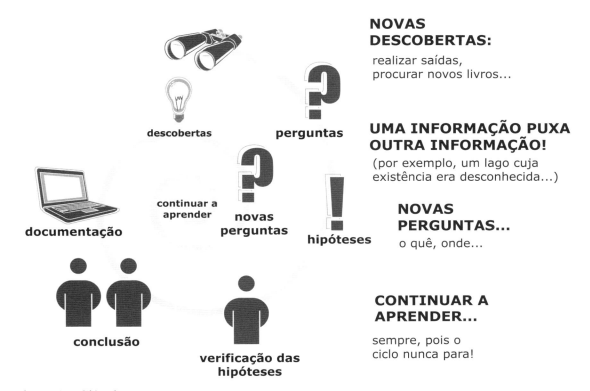

Figura 1 – Ciência.

Ruiz (1996) relata ser impossível definir o que é ciência, entendendo que, para compreensão, é preciso apresentar suas características gerais: conhecimento pelas causas, profundidade e generalidade de suas conclusões, finalidade teórica e prática, objeto formal, método e controle, exatidão e aspecto social.

Dessa forma, para fazer ciência é preciso:

- *Conhecimento pelas causas*: ao contrário do conhecimento popular, na ciência, não basta demonstrar um fato ou fenômeno, mas é necessário relacioná-lo às suas causas determinantes, demonstrar os porquês dos enunciados. Assim, relatar que a prática de exercícios com pesos aumenta a massa muscular não é ciência; faz-se necessário buscar as causas determinantes de tal fenômeno, investigar o que ocorre para o aumento da massa, o que acarreta aumento do músculo e da célula muscular, o que ocorre na célula com a prática de exercício, para afirmar o porquê do aumento de massa muscular. Tal comportamento é parecido com o de crianças de 3 a 5 anos, na "**fase do 'por quê?'**", buscando conhecer o mundo à sua volta.

- *Profundidade e generalidade de suas conclusões*: a ciência não é limitada ao conhecimento popular, visto que ultrapassa o registro dos fatos ou fenômenos e de analogias parciais, em busca das causas do fenômeno ou fato, possibilitando conclusões com enunciados gerais para exprimir a relação de causa-efeito. O exemplo anterior dá uma boa ideia de profundidade e generalidade.

- *Finalidade teórica e prática*: a ciência possibilita compreender o universo e desvendar o desconhecido, ou seja, realiza sua finalidade teórica. De suas descobertas, originam-se diversas consequências práticas, como domínio da natureza, controle e prognóstico de fenômenos, avanços tecnológicos, novas técnicas de tratamento médico etc. Alguns exemplos: a descoberta de vacinas e remédios para doenças que quase dizimavam a população mundial; a criação e o desenvolvimento dos motores a combustão (veículos automotores), que, no início do século XX, mal chegavam a 40 km/h e, na década de 1960, levaram o homem à lua (foguete espacial); a descoberta das plantas híbridas, resistentes a temperaturas mais elevadas e à falta de umidade, possibilitando o cultivo em regiões áridas; o desenvolvimento de métodos e técnicas de treinamento físico que comprovadamente melhoram a saúde das pessoas.

- *Objeto formal*: a ciência tem como objeto de estudo as realidades físicas, também avaliadas pela religião e pela filosofia, como o homem. O que caracteriza a ciência não é apenas o objeto material, mas, também, o objeto formal, ou seja, o modo específico (a forma) de abordar o objeto investigado, isto é, o ângulo sob o qual o cientista estuda o objeto, com base em que aspecto analisa fatos concretos e observáveis (métodos científicos). O esporte é um fato concreto retratado pela poesia e filosofia; entretanto, a ciência investiga um fator ou aspecto desse fenômeno social com profundidade, definindo vários aspectos ou formas de esporte: profissionais, econômicos, sociais, políticos ou educacionais.

- *Método e controle*: é obrigatória a utilização de métodos científicos para chegar às conclusões e às considerações a respeito dos fenômenos. Alguns autores chegam a definir ciência pelo emprego de métodos científicos, o que permite o controle de todas as situações e variáveis que possam interferir no fenômeno. "A ciência é uma investigação rigorosamente metódica e controlada [...]" (RUIZ, 1996, p. 131). Os métodos são tão importantes que têm uma seção específica nesta obra.

- *Exatidão*: os resultados obtidos pela ciência são exatos, em virtude de sua comprovação pela experimentação ou evidência dos fatos. Mesmo que a pesquisa científica apresente caráter de tentativa e suas conclusões sejam constantemente reformuladas, a ciência consolida patamares sólidos para o avanço do conhecimento. A tecnologia possibilita novos instrumentos e recursos para pesquisar, bem como os fenômenos sociais alteram-se com a evolução da sociedade, mas os resultados e as conclusões apresentados pela ciência são exatos.

- *Aspecto social*: os cientistas têm como especial objetivo a melhora das condições de vida da humanidade, com estudos de medicamentos, técnicas de tratamento e *performance*, produção de alimentos em maior escala, cuja difusão impacta a sociedade.

Dessa forma, quando se propõe uma pesquisa científica, é obrigatório atender às características exigidas pela ciência, para se diferenciar das outras formas de conhecimento.

A pesquisa científica investiga um objeto formal com profundidade, devendo ser elaborada com um método sistemático, com informações fidedignas, descobertas de forma controlada, o que levanta algumas questões para os alunos/pesquisadores.

1.6 CARACTERIZANDO A PESQUISA

A **pesquisa** é uma atividade estruturada, que parte do pressuposto de que existe uma dúvida ou problema a ser resolvido. Segundo Andrade (2001, p. 121), "pesquisa é um conjunto de procedimentos sistemáticos, baseados no raciocínio lógico, que tem por objetivo encontrar soluções para problemas propostos, mediante a utilização de métodos científicos".

Fazer uma pesquisa científica significa investigar assuntos de interesse e de relevância, observar os acontecimentos, conhecer com profundidade, utilizar métodos científicos, responder às questões que surgem no decorrer do estudo e descobrir respostas.

1.7 DEFINIÇÃO DO MÉTODO

O termo **método** originou-se da junção das palavras gregas *meta* (além de, após algo) e *ódos* (caminho), sendo compreendido e empregado como "o caminho ou maneira para se chegar a determinado fim ou objetivo" (RICHARDSON, 1985, p. 22).

Para Lakatos e Marconi (2001), método é o conjunto de atividades sistemáticas e racionais que permite alcançar um objetivo, traçando o caminho a ser seguido, detectando erros e auxiliando nas decisões do pesquisador.

Segundo Andrade (2001), método é o conjunto de procedimentos utilizados na investigação de fenômenos e o caminho para chegar à verdade ou alcançar determinados fins ou objetivos.

Por meio do método, têm-se condições de alcançar objetivos, conhecer, investigar e demarcar o caminho a ser seguido, detectando erros e acertos, auxiliando nas decisões do pesquisador, dando direcionamento e ordem na execução das etapas e dos processos do trabalho.

O método, para Cervo e Bervian (2002), é um meio para selecionar os processos mais adequados para chegar a um melhor resultado. Acrescenta-se a essa assertiva a afirmação de Thomas e Nelson (2002) de que não existe apenas um método correto para uma determinada pesquisa. O melhor método é o que possibilita ao pesquisador atingir os objetivos do estudo.

Assim, método é o conjunto de etapas e processos ou o traçado fundamental que deve ser percorrido consecutiva e sistematicamente na execução de pesquisa científica.

Imagine realizar uma caminhada para um lugar que tem uma cachoeira. O objetivo é chegar à cachoeira, pois é o único lugar que tem água. Existem duas opções: um caminho mais curto, mas com muitos obstáculos a serem superados, e um caminho mais longo, porém com acesso facilitado. Que caminho seguir para chegar à cachoeira? Por qual é possível ter maior êxito e satisfação?

Da mesma forma, um método de pesquisa aponta com maior exatidão o caminho mais apropriado para ser percorrido e alcançar o objetivo do estudo: resolver o "problema".

1.8 MÉTODO CIENTÍFICO

O **método científico** é o traçado das etapas fundamentais da pesquisa, os procedimentos para chegar aos resultados de forma precisa e segura. É um fator de economia de tempo e objetividade, como também de segurança e fidedignidade dos resultados conseguidos com seu emprego (LAHR, 1952, p. 352 apud RUIZ, 1996, p. 137).

Método científico é a sucessão de passos pelos quais se descobrem novas relações entre fenômenos que interessam a ciência ou aspectos ainda não revelados de um fenômeno.

O método envolve técnica, mas diz respeito a fundamentos e processos nos quais se realiza a reflexão. Segundo Oliveira (1998), somente o pesquisador pode identificar a dinâmica mais precisa e produtiva para pesquisa.

Objetiva facilitar o planejamento, a investigação e a formulação de hipóteses das pesquisas, possibilitando a execução, de forma mais hábil e segura, de determinadas atividades e tarefas exigidas pela investigação.

Existem duas categorias de métodos científicos que não se excluem, mas se complementam:

- *Métodos de abordagem (dedutivo, indutivo, hipotético-dedutivo e dialético)*: estabelecem, de forma mais ampla e com certo nível de abstração, a aproximação, construção e condução ordenada e lógica dos estudos sobre os fenômenos naturais e sociais. Abordagem que pretende conduzir coerentemente a pesquisa, desde a formulação dos questionamentos iniciais, passando pela construção e apresentação dos argumentos até as conclusões.

- *Métodos de procedimentos*: definem, de forma concreta, as etapas de investigação, determinando as atitudes para a explicação dos fenômenos estudados.

No decorrer do texto, descreve-se, analisa-se, explica-se e exemplifica-se cada um dos métodos de abordagem e procedimentos mais empregados na Educação Física, relacionando-os com os tipos de pesquisa. Distinguem-se, dessa maneira, os métodos de abordagem dos métodos de procedimentos, bem como diferenciam-se métodos de pesquisas de técnicas de coletas de dados (entrevistas, questionários, testes, avaliações etc.) e, também, métodos de pesquisa de métodos de análise dos dados (análises estatísticas quantitativa e qualitativa, análise de conteúdo etc.).

Logo vem a dúvida: quais métodos devo empregar? O que determina os métodos a serem utilizados é o tipo de pesquisa, que é estipulada pelo método de abordagem, os objetos de estudo e os objetivos da pesquisa, pois estudar fenômenos sociais é totalmente diferente de fenômenos físicos. Por vezes, a pesquisa científica solicita aplicação de determinados métodos, a realização de experiências e de determinados controles em seres humanos que são absolutamente antiéticos e desumanos. Assim, vamos conhecer os tipos de métodos de abordagem, os tipos de pesquisa e seus respectivos métodos.

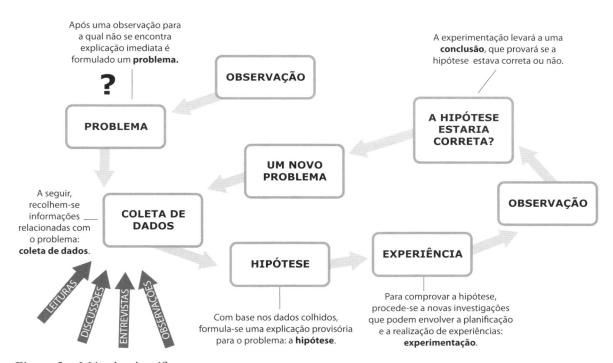

Figura 2 – Método científico.

1.9 MÉTODO DE ABORDAGEM OU PROCESSO LÓGICO DE RACIOCÍNIO

O **método de pesquisa**, quando constituído por etapas concretas na finalidade de explicação dos fenômenos, pode ser considerado um método de procedimento de pesquisa. Para estabelecer essas etapas, deve-se empregar um processo lógico de raciocínio e de argumentação, determinando o método de abordagem da pesquisa na solução do problema de pesquisa.

Raciocínio lógico é o amadurecimento do pensamento por meio da obtenção de novo conhecimento, de forma ordenada, coerente e lógica, passando de um conhecimento antigo para um novo pela reflexão e ordenação dos juízos e conceitos.

Para Severino (2003), o raciocínio é formulado de duas formas: indução e dedução. Cervo e Bervian (2002) acrescentam os métodos de abordagens dialético e hipotético-dedutivo para a formulação de raciocínio sobre determinado assunto.

O **método dedutivo** parte de teorias e leis com princípios universais e previamente aceitos para a elaboração de conclusões sobre fenômenos universais ou particulares, em uma relação e ordenação descendente.

A argumentação dedutiva consiste em descrever estruturas lógicas, relacionando as premissas (verdades universais e maiores) com a conclusão (verdades particulares e menores).

A dedução leva do conhecido ao desconhecido ao estabelecer a relação entre antecedente e consequente, pois, admitindo-se as premissas, obriga-se a aceitar a conclusão, em razão de esta conter, ao menos de forma oculta, as premissas. Portanto, o nexo será sempre verdadeiro, desde que contido nos antecedentes. Exemplo:

> Todo ser vivo morre (verdade universal).
> Animal é ser vivo.
> O homem é animal racional.
> João é homem.
> Conclui-se que João morrerá.

Esse método de abordagem é característico das pesquisas indiretas (bibliográfica e documental), em que se utiliza o método bibliográfico como procedimento de investigação dos fenômenos estudados, em razão de se dispor de antecedentes teóricos e leis relativas aos objetos pesquisados.

Segundo Cervo e Bervian (2002, p. 41), para a validade das conclusões do processo de raciocínio dedutivo, deve-se seguir duas regras gerais:

- Da verdade dos antecedentes segue-se a verdade dos consequentes. Por exemplo: todos os animais respiram; mamíferos são animais; a baleia é mamífera; logo, a baleia respira.
- Da falsidade do antecedente pode seguir-se a falsidade ou a veracidade do consequente. Por exemplo: todos os animais são quadrúpedes; ora, o cisne é animal; logo, o cisne é quadrúpede (consequente falso). Ou: toda árvore é racional; Gilberto é árvore; logo, Gilberto é racional (consequente verdadeiro).

O **método indutivo** constitui-se com base no registro de dados e fatos particulares ou singulares para planos mais amplos e abrangentes, para chegar a conclusões gerais, constatando leis e teorias universais. Esse método possibilita generalizar para a totalidade os fatos e fenômenos daquela espécie.

A abordagem indutiva é uma relação crescente entre os antecedentes e os consequentes, pois as conclusões são mais abrangentes e extensas que as premissas apresentadas no antecedente. Assim, o argumento indutivo baliza-se na generalização de aspectos comuns a fatos e fenômenos observados, aproxima alguns fatos a outros fatos semelhantes, não garantindo verdade e validade da conclusão sem identificar as causas naturais (uniformidade, constância e determinismo) dos fenômenos que acarretam e produzem determinados efeitos. As conclusões podem ser falsas mesmo quando são verdadeiras as premissas, pois ultrapassam e generalizam a extensão dos casos descritos nas premissas e, algumas vezes, induzem ao erro (CERVO; BERVIAN, 2002; RUIZ, 1996).

Constata-se o equívoco de generalizações nas conclusões apressadas e sem critérios e controles científicos, como nas **induções vulgares**. É uma tendência do ser humano de generalizar propriedades, características ou qualidades comuns (RUIZ, 1996). Observe o exemplo: trabalho com quatro atletas muito velozes e que consomem bananas todos os dias; portanto, a ingestão diária de bananas aumenta a velocidade em atletas. Conheço três pessoas com hiperlordose que não realizam alongamentos de membros inferiores; logo, a falta de flexibilidade nos membros inferiores causa hiperlordose.

Como relata Ruiz (1996), **indução formal** não possibilita conclusões mais abrangentes, pois é uma espécie de soma dos casos e fatos analisados. A consequência e as conclusões resultam da enumeração de todos os casos pertinentes ao conjunto dos fenômenos investigados, impossibilitando a generalização universal da conclusão. Como se nota nos exemplos:

Este primeiro atleta está em condições físicas ótimas para as competições.
Este segundo atleta está em condições físicas ótimas para as competições.
Este terceiro atleta está em condições físicas ótimas para as competições.
Este quarto, quinto e sexto também.
Esses seis atletas estão em condições físicas ótimas para a competição.

Esta primeira aluna apresenta índices de obesidade.
Esta segunda aluna apresenta índices de obesidade.
Esta terceira aluna apresenta índices de obesidade.
Esta quarta aluna apresenta índices de obesidade.
Esta quinta, sexta e sétima também.
Essas sete alunas apresentam índices de obesidade.

Para alcançar a fidedignidade e a legitimidade das conclusões por indução, devem-se adicionar às premissas outras evidências que explicitem a relação causa-efeito. Para tanto, independentemente do tempo e do espaço analisado, deve-se identificar a causa natural (uniformidade, constância e determinismo) de determinado fenômeno em estudo, com o rigor de controle e o método que a ciência exige. Desse modo, a consequente ultrapassará os limites dos casos antecedentes "para generalizar sua conclusão em enunciado universal" (RUIZ, 1996, p. 143).

Essa abordagem é empregada quando se utiliza um dos métodos de procedimento experimental ou descritivo, ou seja, ao realizar pesquisa científica direta (campo ou laboratorial), buscando evidências reais das causas dos fenômenos na natureza ou na sociedade por meio da coleta de dados e de informações, com experimentos ou por meio da análise de fatos e acontecimentos, são os meios para definir se as conclusões são verdadeiras, legítimas e universais.

A abordagem pelo raciocínio lógico indutivo demonstra nos antecedentes a relação causa-efeito entre dois fenômenos, com base em causas naturais, que podem ser observadas naturalmente ou por meio de experiências, e que permitem a generalização da conclusão.

O calor dilata o ferro.
O calor dilata o cobre.
O calor dilata o alumínio.
O calor dilata o ouro.
O calor dilata a prata.
O calor dilata os metais (todos).

De acordo com Ruiz (1996), as estatísticas proporcionais, com base no exame de amostra, expressam a conclusão da extensão provável da consequente. Entretanto, não se pode generalizar simplesmente a conclusão da consequente, pois sua extensão não pode ser maior que a extensão proporcional da amostra, devendo-se, ainda, realizar teste de significância do resultado em relação à amostra e ao desvio padrão (mencionados no Capítulo II), como no exemplo:

> Das 100 crianças avaliadas como amostra randômica (aleatória) dos alunos da escola, 20% estavam acima do peso e 5% apresentavam índices de massa corporal indicativa de obesidade. Dos mil alunos da escola, 200 estarão acima do peso e 50 serão obesos.

Cervo e Bervian (2002, p. 37) apontam duas regras para o raciocínio lógico indutivo:

- Deve-se estar seguro de que a relação que se pretende generalizar é verdadeiramente essencial, isto é, a relação causal, quando se trata de fatos, ou a relação de coexistência de duas formas, quando se trata de seres ou coisas. Assim, uma relação de dependência necessária a que une o calor à dilatação.
- É necessário que os fatos a que se estende à relação sejam verdadeiramente similares aos fatos observados e, principalmente, que a causa seja abordada no sentido total e completo.

O **método hipotético-dedutivo** constitui-se pela constatação de lacunas nas teorias, elaborando-se uma hipótese. Pela experimentação, analisa-se a ocorrência dos fenômenos hipotetizados.

A abordagem hipotético-dedutiva consiste na formulação de hipóteses, que são submetidas a testes, críticas, controle e confronto com os fatos, para verificar quais resistem às tentativas de refutação e falseamento (LAKATOS; MARCONI, 2001).

Essa abordagem também é empregada nas pesquisas diretas (campo ou laboratorial), quando se buscam evidências reais das causas dos fenômenos na natureza ou na sociedade. Nega o método da indução, em virtude da volta ao universo na busca de fatos comprobatórios ou de admitir algo como já aceito e imutável. Acredita-se que os enunciados científicos não são universais e incontestáveis, mas se sujeitam a verificações, testes e experimentos sempre mais radicais e rigorosos.

O método hipotético-dedutivo compreende a pesquisa científica com origem em um problema, formulado com base em conhecimentos prévios (teoria) ou expectativas, que se tenta solucionar por tentativas (conjecturas, hipóteses e teorias) e eliminação de erros, mas sem chegar à certeza absoluta, pois "o cientista vive em um mundo onde a verdade é inatingível, mas onde sempre é possível encontrar erros no que foi penosamente estabelecido ou no óbvio" (FLESCH, 1961, p. 160 apud LAKATOS; MARCONI, 2001, p. 64).

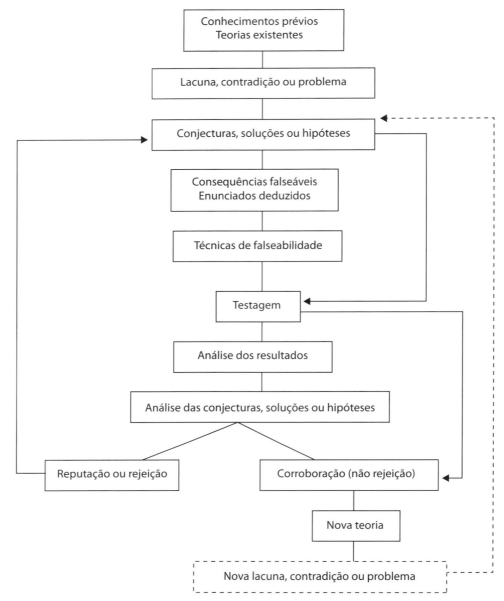

Figura 3 – Esquema das etapas do método hipotético-dedutivo.
Fonte: adaptada de Lakatos e Marconi (2001, p. 65).

O **método dialético** aborda o mundo e seus fenômenos como um conjunto de processos inacabados, ou seja, em movimento (transformação ou desenvolvimento), pois o fim de um processo é o início de outro. Nesse movimento, tudo se relaciona, nada existe isoladamente, e natureza e sociedade são fenômenos organicamente ligados que se transformam reciprocamente.

Desse modo, pode-se afirmar que a dialética é a lógica do conflito, do movimento da vida, obedecendo a quatro leis fundamentais:

- Ação recíproca, unidade polar ou "tudo se relaciona".
- Mudança dialética, negação da negação ou "tudo se transforma".
- Passagem da quantidade à qualidade ou mudança qualitativa.
- Interpenetração dos contrários, contradição ou luta dos contrários (LAKATOS; MARCONI, 2001, p. 74).

Ao obedecer às quatro leis, o pensamento dialético segue a seguinte ordem: ponto de partida; proposição positiva (**tese**); negação ou transformação da tese em sua contrária (**antítese**); negação da tese e da antítese, com uma proposição superior (**síntese**).

Essa abordagem é empregada no estudo de fenômenos sociais, em razão de os métodos anteriores serem inadequados para as ciências humanas, que buscam compreender o homem sob os inúmeros fatores que o configuram e que estão em constante alteração.

As pesquisas nas áreas de Educação, Psicologia Social, Antropologia e Sociologia são as que mais se utilizam dessa abordagem. Como exemplo, Wallon, Marx e outros elaboram seus textos confrontando os argumentos de teses diferentes (tese *versus* antítese) em movimento de sinergia rumo à síntese, ou seja, a criação de nova tese a respeito dos fatos e dos fenômenos analisados.

Outros métodos de abordagem, como o fenomenológico, o hermenêutico e o semiótico, não serão explicitados nesta obra, já que são pouco empregados nos estudos da Educação Física, podendo confundir os iniciantes, em razão de sua complexidade e distanciamento dos problemas de pesquisa em Educação Física.

1.10 TIPOS DE PESQUISA E MÉTODOS DE PROCEDIMENTOS

Para Lakatos e Marconi (2001), as pesquisas científicas podem ser divididas em **diretas** e **indiretas**, cada uma com seus objetivos e particularidades. Não existe um tipo de pesquisa melhor que o outro, mas, sim, níveis diferentes de aprofundamento, direcionamento e enfoques específicos relacionados com os objetos de estudo, os objetivos do trabalho e o perfil do pesquisador.

1.10.1 Pesquisa direta

A **pesquisa direta** relaciona a dimensão teórica ou teoria, que consiste no entendimento da realidade, por meio das leituras e das reflexões, com a dimensão empírica, que é a evidência da realidade, obtida com a observação e a experimentação. Desse modo, a pesquisa direta é a sinergia do que pensamos com a realidade verificada. A **pesquisa direta** caracteriza-se pela busca de dados diretamente da fonte, possibilitando conhecer a realidade na prática.

O pesquisador investiga o fenômeno por meio de métodos e de instrumentos cientificamente comprovados para coleta de dados, os relaciona e contrapõe às teorias formuladas a respeito.

A Figura 4 demonstra a sustentação científica da pesquisa direta, ou seja, a relação entre teoria e prática. O que pensamos (mundo das ideias) é demonstrado ou refutado pelas evidências dos fatos ou pelos resultados das experiências – mundo das evidências (BRASIL, 2004, p. 17).

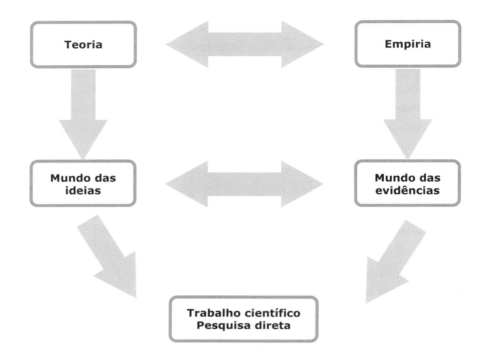

Figura 4 – Sustentação científica da pesquisa direta.

A pesquisa direta subdivide-se em **pesquisa de campo**, **pesquisa de laboratório** e **pesquisa-ação**.

1.10.1.1 Pesquisa de Campo

É aquela em que as condições de controle das variáveis modificam-se com o ambiente e interferem na resposta, ou seja, as condições ambientais no momento de execução da coleta de dados estão sujeitas a alterações de temperatura, de som, entre outras. Exemplo desse tipo de pesquisa na Educação Física são os testes de *performance* das habilidades e das capacidades físicas realizados com o teste de velocidade e de resistência em pistas de atletismo, ou de precisão de chutes e de arremessos quando o calor, o frio ou o vento interferem nos resultados da *performance*.

1.10.1.2 Pesquisa de Laboratório

Nesse tipo de pesquisa, há controle maior dos fatores ambientais e das variáveis envolvidas. Equipamentos automáticos e modernos proporcionam um ambiente adequado e de menor interferência para o bom andamento da pesquisa. No âmbito da Educação Física, são exemplos os estudos que analisam o VO_2máx em testes realizados em laboratórios fechados, utilizando o espirômetro, e em testes de avaliação de força em aparelhos eletrônicos.

1.10.1.3 Pesquisa-ação

Segundo Thiollent (1985, p. 14), a **pesquisa-ação** é uma "pesquisa social com base empírica que é concebida e realizada em estreita associação com uma ação ou com a resolução de um problema coletivo e na qual os pesquisadores e os participantes estão envolvidos de modo cooperativo ou participativo".

Como pesquisa direta, o grupo de pesquisadores da área social participa de todas as etapas do estudo, com a intenção de investigar, explicitar e explicar métodos (ensino, treinamento, tratamento, dieta etc.) e emprego prático dos resultados, constituindo-se em fator de criatividade e de inovação de procedimentos, técnicas, tecnologias e teorias. Na pesquisa-ação, os pesquisadores solucionam os problemas levantados e encontrados no desenvolvimento e na avaliação das atividades realizadas.

Na Educação Física, são exemplos de pesquisa-ação estudos de um grupo de professores que introduzem uma metodologia de ensino ou novos conteúdos nas aulas e buscam observar e analisar o impacto de suas ações na aprendizagem, desenvolvimento ou motivação dos alunos.

***

A pesquisa de campo, de laboratório ou ação requer diferentes métodos de procedimento de pesquisa. Os mais utilizados em Educação Física são o descritivo e o experimental.

1.10.1.4 Método de Procedimento Descritivo

O método de pesquisa **descritivo** tem como características observar, registrar, analisar, descrever e correlacionar fatos ou fenômenos sem manipulá-los, procurando descobrir com precisão a frequência em que um fenômeno ocorre e sua relação com outros fatores.

Segundo Cervo e Bervian (2002), a pesquisa descritiva pode assumir algumas formas relacionadas com o enfoque que o pesquisador deseja dar ao seu estudo:

- *Estudo exploratório*: sua finalidade é familiarizar-se e obter uma nova percepção do fenômeno, descobrindo novas ideias em relação ao objeto de estudo.
- *Estudo descritivo*: descreve as características, propriedades ou relações existentes no grupo ou na realidade em que foi realizada a pesquisa.

- *Pesquisa survey*: identifica falhas ou erros, descreve procedimentos, descobre tendências, reconhece interesses e outros comportamentos, utilizando principalmente o questionário, entrevista ou *survey* normativo como instrumento de coleta de dados; procura verificar práticas existentes ou opiniões de uma determinada população.

- *Estudo de caso*: o estudo de caso são as pesquisas que respondem às questões do tipo "como e por que", quando se estudam fenômenos contemporâneos e o pesquisador tem pouco controle dos acontecimentos, pois investiga o contexto da vida real. Utilizar esse tipo de pesquisa é desafiador, porque é empregado para fenômenos complexos, preservando características holísticas e significativas dos acontecimentos da vida real estudados. Caracteriza-se pela capacidade de lidar com diversas fontes e variáveis. Estuda um determinado indivíduo, família ou grupo para investigar aspectos variados ou um evento específico. Um único caso é estudado com profundidade e holisticamente (de maneira integral) no contexto de sua realidade, para alcançar maior compreensão de casos similares. Utilizam-se como técnicas de pesquisa a observação direta e as entrevistas.

Exemplo de pesquisa que utiliza o método descritivo:

Problema de pesquisa: quais as causas de evasão dos alunos do ensino noturno da escola pública estadual?

Objetivo do estudo: verificar os índices e identificar as causas de evasão dos alunos do ensino noturno da escola pública estadual.

1.10.1.5 Método de Procedimento Experimental

O método de pesquisa **experimental** tem como objetivo analisar as variáveis relacionadas com o objeto de estudo, apontando a relação de causa e efeito entre as variáveis e de que modo o fenômeno é produzido, utilizando testes, questionários e medidas, como mostra o exemplo:

Problema: qual o percentual de frequência cardíaca máxima (FCmáx) mais adequada (65%, 55% ou 50%) para o treinamento aeróbio de mulheres sedentárias e donas de casa, de 50 a 60 anos, da cidade de São Paulo?

Objetivo: avaliar o desempenho da capacidade aeróbia de mulheres sedentárias e diagnosticar a FCmáx de treinamento (65%, 55% ou 50%) que proporciona maior desempenho da capacidade cardiorrespiratória em mulheres sedentárias e donas de casa (50 a 60 anos).

Nesse caso, o pesquisador consegue controlar as variáveis da pesquisa pelo fato de o grupo ser equivalente. Dessa forma, o professor que aplicar o treinamento será o mesmo em todos os grupos. O nível de maturação está aproximado e o ambiente é adequado às condições do experimento sem alterações consideráveis.

O resultado pode ser constatado na Tabela 1:

Tabela 1 – Desempenho experimental do teste de Cooper

Amostra	População	Pré (Cooper)	Treinamento aplicado durante (60 dias)	Pós (Cooper)
Grupo 01	10	1.500 metros	65% FCmáx	1.590 metros
Grupo 02	10	1.501 metros	55% FCmáx	1.750 metros
Grupo 03	10	1.499 metros	50% FCmáx	1.700 metros
Grupo de controle	10	1.500 metros	–	1.520 metros

Com base na Tabela 1, infere-se que o treinamento mais eficiente para mulheres sedentárias e donas de casa entre 50 e 60 anos, habitantes da cidade de São Paulo, é o de 55% da FCmáx. Para certeza e confiabilidade dos resultados e da elaboração da conclusão, são necessários cálculos estatísticos e teste de significância, considerando a amostra, a média, o desvio padrão e as variáveis analisadas. O Capítulo II apresenta informações sobre a análise estatística e testes de significância.

No campo das ciências sociopsicológicas, raramente se pode fazer experiências para esclarecer um problema, em razão da ética da pesquisa, pois não se pode fazer experiências com seres humanos.

1.10.2 Pesquisa indireta

A **pesquisa indireta** caracteriza-se pela utilização de informações, de conhecimentos e de dados já coletados por outras pessoas e demonstrados de diversas formas, como documentos, leis, projetos, desenhos, livros, artigos, revistas, jornais etc. Não se deve confundir o quadro ou referencial teórico com a pesquisa indireta, pois toda pesquisa exige revisão de literatura. A coleta de dados diretamente da fonte é feita na pesquisa direta (campo ou laboratório); já na pesquisa indireta (documental ou bibliográfica), os dados e as informações são provenientes apenas de materiais bibliográficos e de documentos.

Constitui esse tipo de pesquisa a produção de ensaio teórico, quando o autor, com base na leitura, na análise e na crítica do material bibliográfico sobre o tema (livros, textos, artigos, *sites*, dissertações, teses, monografias, relatórios técnicos, revistas científicas, revistas, jornais, resenhas, cartas, documentos escritos etc.), constrói síntese sobre o assunto pesquisado.

Na Educação Física, apresentam essas características as pesquisas que investigam os jogos realizados como atividade física em uma determinada época, como na Primeira República, na Ditadura Militar etc., e os estudos que abordam as divergências teóricas de autores, consultando a bibliografia sobre o assunto, como uma pesquisa que investigue se o idoso deve ou não realizar exercícios com pesos resistidos.

1.10.2.1 Pesquisa Documental

Essa pesquisa tem como objetivo investigar fontes primárias, que se constituem de dados não codificados, organizados e elaborados para os estudos científicos, como documentos, arquivos, plantas, desenhos, fotografias, gravações, estatísticas e leis, para descrever e analisar situações, fatos e acontecimentos, bem como comparar com dados da realidade. Muitos relacionam a pesquisa documental somente com estudos históricos; porém, nestes, a finalidade única é estudar e resgatar fatos que ocorreram no passado, por meio de documentos e registros. Entretanto, a pesquisa documental é mais ampla, como se constata no exemplo:

> *Problema de pesquisa*: existem diferenças entre os conteúdos desenvolvidos nas aulas de Educação Física infantil na década de 1950 e os propostos pelos Parâmetros Curriculares Nacionais?
>
> *Objetivos do estudo*: verificar e classificar os conteúdos desenvolvidos na Educação Física escolar na década de 1950. Analisar e comparar os conteúdos da Educação Física infantil da década de 1950 registrados nos diários dos professores e os conteúdos sugeridos pelos Parâmetros Curriculares Nacionais.

1.10.2.2 Pesquisa Bibliográfica

É considerada o primeiro passo de qualquer pesquisa científica, sendo a mais utilizada em trabalhos de conclusão de curso de graduação e de pós-graduação *lato sensu* (monografia), pois recolhe e seleciona conhecimentos e informações acerca de um problema ou hipótese já organizados e trabalhados por outro autor, colocando o pesquisador em contato com materiais e informações sobre determinado assunto.

Exemplo de uma pesquisa bibliográfica:

> *Problema de pesquisa*: quais as implicações da construção de jogos e de brincadeiras na aprendizagem da leitura e da escrita de alunos da 1ª série do ensino fundamental?
>
> *Objetivo do estudo*: identificar os níveis de aprendizagem e avaliar se a construção de jogos nas aulas de Educação Física interfere na aprendizagem da leitura e da escrita de alunos da 1ª série do ensino fundamental.

1.10.2.3 Método de Procedimento Bibliográfico

O método **bibliográfico** procura explicar um problema com base em referências teóricas e/ou revisão de literatura de obras e de documentos. Em qualquer pesquisa, exige-se revisão de literatura, que permite conhecer, compreender e analisar os conhecimentos culturais e científicos sobre o assunto, tema ou problema investigado. Pode ser realizada de forma independente, constituindo-se uma pesquisa científica.

1.10.2.4 Método de Procedimento Histórico

Esse método de pesquisa parte do princípio de que os fatos, os costumes, os procedimentos e as formas de vida atual são originados no passado. Procura compreender a atualidade a com base na investigação de documentos de acontecimentos, de processos e de instituições do passado.

Objetivos do método histórico: produzir registro do passado e contribuir para a solução de problemas atuais. O pesquisador deve realizar ampla investigação bibliográfica e documental para encontrar a solução do problema de pesquisa.

1.11 DEFINIÇÃO DE METODOLOGIA CIENTÍFICA

Metodologia Científica é o estudo ou conhecimento (*logia*, estudo, do grego) dos métodos utilizados para a realização de pesquisas científicas ou acadêmicas, que resultou na denominação da disciplina que leva esse nome e que compõe o currículo dos cursos superiores.

A disciplina Metodologia Científica é elemento facilitador da produção de conhecimentos, capaz de auxiliar e entender os processos de buscas de respostas, ou seja, um meio para obtenção do conhecimento (UNIVERSIDADE IBIRAPUERA, 2000).

A Metodologia Científica tornou-se disciplina obrigatória nos cursos de graduação e pós-graduação para auxiliar nos trabalhos acadêmicos, possibilitando maior aprofundamento e direcionamento das pesquisas, e para apoiar o pesquisador em todas as etapas de seu estudo.

As fases da pesquisa

CAPÍTULO II – AS FASES DA PESQUISA

Para a elaboração de uma pesquisa científica é imprescindível conhecer os procedimentos e os percursos do início até sua finalização e divulgação. A pesquisa pode ser dividida em quatro fases:

- Fase do planejamento da pesquisa.
- Fase de desenvolvimento e execução da pesquisa, momento da coleta de dados e busca de informações sobre o tema escolhido.
- Fase de redação do texto final do estudo.
- Fase de exposição do trabalho final, divulgação dos resultados e das conclusões para a sociedade.

Cada fase é formada por procedimentos e passos que devem ser seguidos sistematicamente para um bom andamento da pesquisa.

2.1 PLANEJAMENTO DA PESQUISA

Tudo o que se pretende executar deve ser planejado. No caso da pesquisa, o plano é estruturado em um projeto de pesquisa que contém informações sobre o que vai ser estudado (tema/assunto), o que já é conhecido sobre o tema (referencial teórico/material bibliográfico, limitações e hipóteses), dúvidas sobre o assunto e o que se vai pesquisar (problema de investigação e questões), para que ou o que se pretende com a investigação (objetivos da pesquisa), como o estudo será realizado (métodos e processos), quais as razões ou justificativas para desenvolver a pesquisa (por quê?) e quando será executada cada etapa da pesquisa científica.

A etapa de planejamento da pesquisa é composta pela escolha do assunto, levantamento do material bibliográfico, elaboração do problema de investigação e delimitação das questões que determinam os objetos de estudo. O primeiro contato com o material bibliográfico permite a organização e a formulação de sínteses de leitura (fichamentos), o que facilita a composição de referencial teórico, tornando possível verificar a viabilidade e as limitações do estudo, com a indicação de suas variáveis e hipóteses e, consequentemente, a estipulação dos objetivos, bem como a definição do método e dos processos a empregar no trabalho (amostra, instrumentos, procedimentos e técnicas estatísticas).

O projeto de pesquisa facilita o processo de elaboração e conclusão do trabalho de conclusão de curso, e será aproveitado na composição da introdução do texto final. A estrutura e a elaboração do projeto de pesquisa para processos de seleção em programas de pós-graduação *stricto sensu* encontram-se explicitadas no Capítulo V.

2.1.1 Escolha do assunto ou do tema da pesquisa

A **escolha do tema**, primeira etapa do trabalho monográfico, deve levar em consideração alguns pré-requisitos, como as competências e a formação acadêmica do pesquisador, suas experiências e vivências profissionais, os conhecimentos anteriores, a relevância e o mérito da pesquisa, ou seja, se o trabalho merece ser investigado cientificamente.

Outros fatores são os recursos materiais, econômicos e pessoais necessários à execução da pesquisa. O pesquisador deve escolher um tema adequado a suas possibilidades, com material bibliográfico suficiente, disponível, atual e não muito complexo, entendendo que o trabalho depende muito do tempo disponível para realizar a pesquisa.

O assunto de pesquisa deve ser aplicável. Ao pesquisar um tema que não pode ser aplicado em situações reais, o estudo tende a perder em significado, tornando-se árduo e maçante, pois não apresenta sentido para o pesquisador.

Desse modo, deve-se valorizar as experiências da vida cotidiana, que fornecem as ideias e as suposições iniciais sobre o tema, além de levantar as primeiras dúvidas, bem como estabelecer significado entre a pesquisa e a situação real de trabalho no dia a dia, pois realizar uma pesquisa científica não é difícil. No entanto, não se pode esconder que é trabalhosa e, portanto, quanto maior significado ela tiver para quem a realiza, maiores serão o envolvimento, a dedicação e os resultados.

O professor de Educação Física percebe que seus alunos não se motivam para a aula e resolve investigar as causas; o treinador observa que seus atletas não apresentam o mesmo nível de força das outras equipes e decide alterar o treinamento para analisar o que ocorre; uma nova metodologia de ensino ou treinamento passa a ser empregada e, ao duvidar de seus resultados, o professor/treinador começa a investigar as consequências do método; o professor constata que suas aulas não alcançam os objetivos esperados e pensa em experimentar outros métodos de ensino, conteúdos diferentes ou mudar o sistema de avaliação.

Essas dúvidas iniciais ocorrem por intermédio das experiências cotidianas, originadas do senso comum, mas com reflexão sistematizada, metódica e controlada sobre os questionamentos levantados. Ao obedecer as etapas e procedimentos científicos, a tendência é ultrapassar o discurso do senso comum e caminhar para o discurso científico com a execução de pesquisa científica, como em uma monografia.

Muitos acreditam que a monografia deve trazer assuntos que nunca foram pesquisados, algo inédito, complexo e extenso. Na verdade, o trabalho monográfico é o primeiro contato com uma pesquisa, sendo considerado mais simples do que se pensa. O aprofundamento do tema, enfocando aspectos novos e que não foram pesquisados, pode tornar-se objeto de dissertações de mestrado ou teses de doutorado, sendo exigido o ineditismo apenas no nível de doutoramento.

Agora, é com você! Com base nos comentários apresentados, defina um assunto/tema de interesse para pesquisar e mãos à obra!

2.1.2 Delimitação do tema de pesquisa: o enfoque específico do estudo

Segundo Cervo e Bervian (2002), **delimitar o assunto** significa selecionar um tópico ou parte dele que desperta maior interesse por parte do pesquisador, da comunidade acadêmica e profissional, indicando de que ponto de vista o assunto será focalizado.

Um mesmo assunto pode receber diversos tratamentos. Por exemplo: o professor/pesquisador deseja realizar uma pesquisa sobre as implicações das brincadeiras no desenvolvimento de crianças que frequentam a educação infantil. Qual aspecto do desenvolvimento infantil deve ser priorizado na pesquisa? Ou deseja estudar sobre a evasão dos alunos das aulas de Educação Física? De que alunos? Do ensino fundamental ou do médio? De que escola? Pública ou particular? E de que região ou cidade do país? Ou, ainda, deseja estudar a influência do treinamento na melhora da qualidade de vida? Qual o tipo de treinamento (flexibilidade, força ou resistência)? Quais as pessoas envolvidas no treinamento (crianças, adolescentes, adultos ou terceira idade) e quais aspectos da qualidade de vida (psicológicos, físicos, sexuais ou sociais)?

Deve-se tratar de um aspecto, fator, período ou local com profundidade em vez de tratar todos com superficialidade, focar o que é de interesse da pesquisa, como um fotógrafo que foca uma imagem específica que representa e é significativa a seus interesses e objetivos. Nos casos apresentados adiante, pode-se verificar a relação das brincadeiras no desenvolvimento socioafetivo de crianças que frequentam a educação infantil; a evasão das meninas das aulas de Educação Física do ensino médio nas escolas particulares da cidade de Natal (RN); a interferência ou não do treinamento da capacidade física de força explosiva no aumento da autoestima de adolescentes; o treinamento de flexibilidade na *performance* de atletas juvenis da equipe de tênis da Associação Atlética Serrana.

São estabelecidas quatro dicas para delimitar o tema:

- Localização geográfica (cidade, região ou estado).
- Período de observação (nível de ensino, faixa etária, nível de desenvolvimento).
- Sujeito da pesquisa (jogos, treinamento de força, esporte).
- Objeto da pesquisa (aprendizagem, motivação, agressividade, evasão de alunos).

A delimitação do tema é essencial em razão dos custos da pesquisa, do tempo e da disponibilidade do pesquisador, dos materiais disponíveis, além de estabelecer a relação sujeito-objeto, que é o interesse do pesquisador (sujeito) por aquilo que ele quer conhecer, descobrir ou pesquisar (objeto de estudo), pois não basta querer pesquisar, é preciso criar as condições efetivas para sua conclusão (BRASIL, 2004).

Após escolher e delimitar o tema do estudo, inicia-se o trabalho propriamente dito, com aprofundamento sobre o tema, levantamento do referencial teórico e reflexão metódica e radical, ou seja, a passagem do senso comum para a abordagem científica.

Agora, é sua vez! Com base no tema/assunto escolhido, faça uso das quatro dicas para a delimitação do estudo. Boa sorte!

2.1.3 Levantamento de material bibliográfico

Delimitado o tema e identificados os objetos de estudo, o pesquisador inicia a fase de **levantamento** dos materiais sobre o tema ou os objetos de estudo. O levantamento bibliográfico é um apanhado geral dos principais documentos e trabalhos realizados a respeito do assunto escolhido para a obtenção de dados e informações para a pesquisa. Essa bibliografia e esses documentos devem ser capazes de fornecer informações e contribuir com a pesquisa. O levantamento é realizado de acordo com o tema e com o problema de pesquisa, que determinam o método de pesquisa documental ou bibliográfico.

As fontes mais apropriadas e que devem ser consultadas em primeiro lugar são:

- revistas científicas;
- monografias, dissertações e teses de autores que estudaram assuntos que se aproximem de seu tema de pesquisa;
- livros e publicações avulsas;
- documentos, arquivos públicos e particulares, fotos, imagens;
- revistas, jornais, apostilas, resenhas etc.

O pesquisador deve sempre consultar o ano de publicação dos materiais; aconselha-se que não seja superior a dez anos. Por exemplo, se o trabalho está sendo realizado em 2008, deve-se utilizar documentos publicados a partir de 1998.

O pesquisador deve ler, do início ao fim, todos os documentos e todas as obras que cheguem às suas mãos? Quando se encontra um livro ou artigo que pode contribuir com a pesquisa, deve-se iniciar o processo de localização e busca dos assuntos referentes aos objetos de estudo pelo índice e resumo. Muitas vezes, o que interessa prioritariamente são alguns capítulos ou itens da obra. A busca deve ser efetuada antes de iniciar a leitura completa e exaustiva, para que não se perceba muito tarde que a obra nada tem a acrescentar à compreensão dos objetos de estudo e à elucidação do problema de pesquisa.

A internet é excelente fonte para os primeiros levantamentos de material bibliográfico. No final do capítulo (seção 2.5), há uma lista de *sites* úteis que podem ser consultados.

2.1.4 Compilação das obras e dos trabalhos sobre o tema

Nessa fase, o pesquisador procura apropriar-se dos textos que abordam o assunto que pretende pesquisar. Deve adquirir livros e revistas científicas, fotocopiar teses, dissertações e materiais necessários à pesquisa, como leis, documentos e fotos.

Após isso, o pesquisador inicia a consulta e analisa as páginas de referências bibliográficas para verificar que fontes o autor do documento original consultou, o que permite o levantamento de mais fontes teóricas sobre a área temática, possibilitando a verificação e a análise de premissas, conceitos e pensamentos sobre os objetos de estudo.

Ler é o passo fundamental! Não se pode prejulgar o texto lido; ler é retomar a reflexão do outro como matéria-prima da nossa reflexão.

2.1.5 Fichamento

Após a leitura dos textos relacionados à área temática investigada, o pesquisador deve elaborar fichas, no computador ou à mão, anotando a síntese dos conceitos e dos pressupostos apresentados sobre o tema abordado pelos autores.

Os registros e as fichas de leitura são índice de nosso progresso e vigor intelectual. Nos arquivos e nas fichas existem ideias, citações, projetos, bibliografias etc. Sem dúvida, os simples atos de tomar notas e registrar as ideias de um livro são exercícios de reflexão.

A elaboração das fichas de leitura é essencial para facilitar a pesquisa e, especialmente, a redação final do texto da monografia, da dissertação ou da tese, pois as afirmações, as argumentações e as definições que compõem o texto acadêmico devem embasar-se nas informações e nas ponderações dos autores. Muitas vezes, tudo de que precisamos pode estar nas notas e nos arquivos.

As fichas devem ser elaboradas com a indicação do objeto de estudo, número da ficha (arquivamento), título da obra ou revista, título do artigo ou capítulo, nome do autor, editora, ano de publicação e páginas correspondentes à síntese relatada. Desse modo, favorece a consulta rápida às obras originais, se necessário, durante o processo de redação do texto, como mostra o exemplo:

Planejamento de pesquisa (objeto de estudo)   **Ficha: 06**

Título da revista: Cadernos de Pesquisa

Artigo: A revisão da bibliografia em teses e dissertações: Tipos...

Autor: Alda Judith Alvez (Faculdade de Educação/UFRJ), 1992, maio, n. 81, p. 53-60.

p. 54 – Os livros refletem com atraso os estados do conhecimento.

p. 55 – O referencial teórico é o principal instrumento para interpretação dos resultados. É a familiaridade com a literatura sobre o tema que permite a discussão dos resultados.

p. 55 – Basear-se sempre nas fontes primárias, e não em citações de terceiros.

p. 55 – A revisão crítica de teorias é essencial para a construção do objeto de pesquisa.

p. 56 – Quando se recorre a várias ciências, em uma abordagem inter ou transdiciplinar, o resultado é altamente enriquecedor.

O estudo da literatura sobre o tema ajuda na elaboração do problema, estipulação dos objetivos e organização do trabalho, além de servir de suporte ao momento do direcionamento e da planificação da pesquisa, possibilitando que o pesquisador faça um recorte do que será importante ou não nas etapas do trabalho, como também no levantamento da hipótese e das limitações da pesquisa. Isso permite a definição do método a ser utilizado, os procedimentos, os materiais e os instrumentos para a investigação científica.

2.1.6 Formulação do problema de pesquisa

A identificação e a delimitação do tema de pesquisa são os primeiros passos do estudo, algo ainda muito genérico. Para avançar no processo, é necessário problematizar o incômodo inicial, o ponto de partida da pesquisa, que determina o ponto de chegada.

Após a delimitação, deve-se "transformar" o tema em uma questão básica, em um problema de pesquisa. Para o desenvolvimento da ciência, mais importante do que encontrar soluções é saber formular problemas (CERVO; BERVIAN, 2002).

Em pesquisa científica, não se relaciona o problema com fatores negativos, mas parte-se de uma dúvida e de um problema de pesquisa.

O problema é uma questão, uma dúvida a ser respondida e solucionada. Envolve uma dificuldade teórica ou prática para a qual se procura solução, isto é, o questionamento do assunto, a pergunta à qual você busca responder com a pesquisa.

Durante a pesquisa, é examinado, analisado e avaliado criticamente o que se estipulou e criou, ou seja, o estudo é a busca de solução de um problema sobre o tema investigado; logo, o problema é a gênese da pesquisa.

Formular perguntas e levantar problemas parece fácil. Entretanto, é preciso estabelecer critérios que diferenciem problemas científicos (discurso científico) de problemas de valor (como deve ser, justiça) e de engenharia (como fazer), que são aplicados ao senso comum e à ideologia, mas não à pesquisa científica (KERLINGER, 1980 apud BRASIL, 2004).

A pesquisa científica objetiva explicar ou fazer previsões de como a realidade se manifesta e se comporta efetivamente. Desse modo, não se constituem problemas de pesquisa as questões valorativas relacionadas à preocupação de como deve ser. As perguntas como "qual a contribuição [...]" e "qual a importância [...]" devem ser evitadas, pois são de âmbito valorativo.

Não são considerados problemas de pesquisa as perguntas sobre como fazer algo, de ordem operacional ou prática, cujas respostas encontram-se disponíveis em seu conhecimento e prontas em outras obras: "Como organizar um treinamento de voleibol?"; "Como avaliar os alunos do ensino médio nas aulas de Educação Física?"; "Como melhorar a flexibilidade dos praticantes de musculação ou diminuir a agressividade dos alunos nas aulas?". Essas perguntas interrogam sobre como deve ser e como fazer, e a ciência tem a função de demonstrar como é a realidade, e não como deveria ser ou acontecer.

Há alguns critérios para a formulação de problemas de pesquisa que demonstram a realidade e contribuem no progresso do conhecimento:

- formular o problema de forma interrogativa, isto é, uma pergunta;
- representar uma relação entre dois ou mais fatores (variáveis);
- permitir aprofundamento do assunto;

- possibilitar a observação da realidade e permitir a pesquisa de campo, no caso de interesse do pesquisador ou necessidade para alcançar os objetivos;
- desdobrar-se em outras questões mais específicas (questões que orientam o estudo).

Os termos mais apropriados para a formulação de problemas são: afeta, causa, consequências, influencia, impacta, implica, determina ou relaciona. Nas pesquisas que procuram demonstrar uma realidade complexa e compreender processos não são excluídos os termos "o que" e "como". Por exemplo: Como são desenvolvidas as aulas de Educação Física no ensino médio para a aprendizagem de aspectos conceituais do conteúdo? Como é avaliada a motivação dos alunos nas aulas de futebol ou musculação? Como são elaboradas as periodizações de treinamento das equipes mirins de voleibol da cidade de Vitória (ES)? O que é avaliado na composição do conceito de Educação Física no ensino médio? O que é estipulado pelos professores como conteúdos da Educação Física, na educação infantil do município de São Sebastião (SP)?

Para a formulação de perguntas e o levantamento de hipóteses, o pesquisador precisa mergulhar no conhecimento científico, buscando material bibliográfico para o aprimoramento de seu estudo. Ler o que já foi escrito sobre o assunto é fundamental para a formulação do problema de pesquisa.

É essencial observar as tendências, as preferências e as experiências pessoais, as competências, o tempo e os recursos materiais e financeiros do pesquisador para a escolha da questão básica do estudo.

Uma vez formulado o problema de pesquisa, o aluno tem mais claro o caminho que deve percorrer, pois já delimitou o ponto de partida e de chegada do estudo, como mostram alguns exemplos:

- Quais as implicações das brincadeiras no desenvolvimento socioafetivo em crianças de 0 a 3 anos da educação infantil?
- Quais as causas da evasão das meninas das aulas de Educação Física do ensino médio nas escolas particulares da cidade de Natal?
- Há relação entre o treinamento da capacidade física de força explosiva e o aumento da autoestima em adolescentes?
- O treinamento de flexibilidade impacta a *performance* de atletas juvenis da equipe de tênis da Associação Atlética Serrana?

Observação: os exemplos deste livro estão elaborados no formato e nos padrões definidos pela Associação Brasileira de Normas Técnicas para trabalhos de pesquisas, conforme a NBR 6023 (ABNT, 2002a) e a NBR 14724 (ABNT, 2011).

Agora, é partir para a trabalhosa, mas gratificante viagem ao desconhecido: a pesquisa científica! Elabore um problema de pesquisa, refletindo sobre como atender aos critérios propostos.

2.1.7 Estipulação dos objetivos

Este é o momento de definir com precisão o que se pretende com o trabalho, ou seja, para o que se realiza a pesquisa. A definição dos objetivos determina a direção do estudo, os propósitos da investigação (para quê?) e os indicadores da avaliação do estudo, possibilitando verificar se este atingiu o proposto. Dessa forma, os objetivos indicam aonde se quer chegar (BRASIL, 2004).

Os **objetivos** podem ser **gerais** e **específicos**. O **objetivo geral** está diretamente relacionado com o problema de pesquisa e é definido ao se estipular uma ação ampla sobre a problemática pesquisada. Elaborado o problema de pesquisa, já se está muito próximo do objetivo geral. Nos exemplos de problemas de pesquisa encontra-se a seguinte pergunta: "Quais as implicações das brincadeiras?"; o objetivo geral é: "conhecer ou analisar as implicações das brincadeiras no desenvolvimento socioafetivo de crianças de 0 a 3 anos na educação infantil". Parecido? Sim, quase igual, mas há diferença na colocação dos verbos no infinitivo (conhecer ou analisar), que representam uma ação abrangente a realizar, e o problema constitui uma interrogação, um questionamento.

O caráter genérico do objetivo não proporciona o aprofundamento necessário para a pesquisa científica. Desse modo, para operacionalizar o objetivo geral e facilitar a execução do trabalho, são definidos **objetivos específicos** que determinam de forma clara, objetiva e detalhada o que queremos com a pesquisa, ou seja, para o que se realiza o estudo e o que fazer para atingir o objetivo geral.

Com base no exemplo de objetivo geral, apresentam-se alguns objetivos específicos:

- Identificar os fatores que intervêm no desenvolvimento socioafetivo de crianças de 0 a 3 anos.
- Descrever as características socioafetivas das crianças de 0 a 3 anos.
- Avaliar e classificar as brincadeiras infantis.
- Diagnosticar e descrever os elementos das brincadeiras que interferem no desenvolvimento socioafetivo.
- Constatar a relação entre as brincadeiras e o desenvolvimento socioafetivo das crianças de 0 a 3 anos.

No exemplo anterior, fica clara mais uma das características dos objetivos de pesquisa: sua definição por verbos no infinitivo, como diagnosticar, verificar, observar, analisar, examinar, identificar, distinguir, constatar, comprovar, comparar, descrever, conhecer, avaliar, demonstrar, classificar, explicar, caracterizar, entre outros.

O pesquisador precisa verificar se, ao concluir seu trabalho, conseguiu atingir os objetivos indicados. É preciso delimitar os objetivos da pesquisa, os resultados que o estudo pretende e pode alcançar, e não metas externas à pesquisa, que se caracterizam como objetivos do profissional, e não do pesquisador, que podem ser atingidas, ao empregar os resultados, as conclusões, os pressupostos teóricos ou as práticas pedagógicas e de treinamento que fundamentaram a revisão de literatura da pesquisa.

Esse equívoco, até corriqueiro em trabalhos de pesquisadores iniciantes, ocorre quando o discente/pesquisador, em uma pesquisa sobre os efeitos dos exercícios com pesos resistidos para mulheres na terceira idade, menciona como objetivo propiciar melhor qualidade de vida para as praticantes de musculação. Observe que o estudo não tem como realizar esse objetivo, pois é externo à pesquisa. Na verdade, o estudo aponta elementos que dão subsídios ao professor de Educação Física para organizar e programar o treinamento de mulheres da faixa etária investigada. Nesse exemplo, poderiam ser estabelecidos diversos objetivos, como identificar os benefícios dos exercícios com pesos resistidos, verificar os diferentes métodos de treinamento com pesos para mulheres na terceira idade e diagnosticar, dentre estes, o método mais eficaz para esse público.

Demonstra-se mais um exemplo com base em um dos problemas de pesquisa mencionados, sem extinguir as possibilidades de elaboração de objetivos, constituindo-se apenas em exemplo ilustrativo.

- *Objetivo geral*: examinar ou observar o impacto do treinamento de flexibilidade no desempenho de atletas juvenis da equipe de tênis.
- *Objetivos específicos*: comprovar a influência da flexibilidade no rendimento e na execução das habilidades do tênis. Descrever e classificar a flexibilidade dos atletas de tênis. Identificar e caracterizar as habilidades do tênis. Diagnosticar a relação entre a flexibilidade e os movimentos corporais do tênis.

O objetivo do estudo vincula-se diretamente à própria significação da tese e determina os caminhos e etapas a serem percorridos, levando à definição do tipo e da natureza do trabalho, dos métodos a serem empregados e das obras e dos documentos a serem analisados criticamente.

Formulado seu problema, é hora de estipular os objetivos para sua pesquisa. Para que investiga o assunto e aonde quer chegar com o estudo?

2.1.8 Definição dos objetos de estudo

O **objeto de estudo** é o que está sendo estudado, caracterizado como o detalhamento do problema, um desdobramento da pergunta básica do estudo, ou seja, consiste nos itens, fatos, aspectos ou elementos que serão pesquisados para solucionar o problema de pesquisa.

Devem-se extrair os objetos de pesquisa da própria questão central do estudo (problema de pesquisa): com o problema formulado, pode-se verificar o direcionamento da pesquisa por meio dos objetos de estudo levantados e explicitados pelo desdobramento da questão central. Utiliza-se como exemplo o mesmo problema de pesquisa: quais as implicações das brincadeiras no desenvolvimento socioafetivo em crianças de 0 a 3 anos da educação infantil?

Ao analisar e desdobrar a questão central do estudo em questões específicas e objetivas, definem-se os objetos do estudo: as brincadeiras, a faixa etária do grupo selecionado, os aspectos sobre o desenvolvimento socioafetivo e a relação existente entre as brincadeiras e o desenvolvimento socioafetivo de crianças de 0 a 3 anos de idade.

Dessa forma, o problema de pesquisa é desdobrado em outras questões a serem respondidas, denominadas questões que orientam o estudo, que definem os itens da revisão de literatura e da pesquisa empírica (quando necessária). Exemplificando:

> Para solucionar o problema de pesquisa e atingir os objetivos estipulados, é necessário responder a algumas questões básicas:
>
> - O que são brincadeiras?
> - Quais as brincadeiras praticadas na educação infantil?
> - Quais os tipos de brincadeiras realizadas pela faixa etária em questão, segundo uma abordagem psicológica?
> - Quais as funções das brincadeiras para as crianças?
> - Quais as características de crianças de 0 a 3 anos de idade?
> - O que é desenvolvimento infantil?
> - O que caracteriza o aspecto socioafetivo do desenvolvimento humano?
> - Que comportamentos do domínio socioafetivo as crianças de 0 a 3 anos de idade apresentam?
> - Quais os fatores que interferem no desenvolvimento socioafetivo das crianças?
> - Quais as relações entre as brincadeiras e o desenvolvimento socioafetivo de crianças de 0 a 3 anos de idade?

Tais questões originadas do problema de pesquisa têm a função de esclarecer os objetos de estudo e traçar o caminho a ser seguido no estudo, que possibilita, além do levantamento bibliográfico, o aprofundamento da análise crítica das referências bibliográficas, favorecendo a elaboração da revisão de literatura.

Observação: durante a leitura, podem surgir outras questões importantes. Para começar, porém, inicia-se pesquisando o que foi identificado até o momento, como os objetos de estudo.

2.1.9 Justificativa da pesquisa

É obrigatória a apresentação da **justificativa da pesquisa**, pois ninguém decide pesquisar sobre um assunto de um momento para o outro, sem motivo.

A pesquisa científica surge das dúvidas e das questões das experiências cotidianas que inquietam e estimulam a busca de respostas.

Para demonstrar a importância da pesquisa e convencer a orientação, os órgãos financiadores, as instituições envolvidas e a área acadêmica, e despertar o interesse pela leitura do trabalho, torna-se essencial responder à questão: por que o estudo é relevante?

Dar uma justificativa convincente é apresentar argumentos racionais e consistentes que demonstrem a necessidade e a utilidade de compreender, explicar os fatos, os fenômenos e suas interações, contribuindo para o desenvolvimento de novos conhecimentos e saberes.

Alguns critérios ou argumentos, segundo o Ministério do Esporte (BRASIL, 2004), são comumente utilizados para a justificativa das pesquisas:

- *Existência*: o problema é real e identificável concretamente, e sua resolução acarreta melhora das condições de vida. Exemplo: de acordo com Silva (2006), apenas 30% das meninas do ensino médio participam efetivamente das aulas de Educação Física.

- *Alcance*: o problema e os resultados da pesquisa atingem um número elevado de pessoas. Exemplo: de acordo com IBGE (2004), no Brasil, o número de adolescentes ultrapassa 2 milhões e, conforme Tiba (2002), é a fase em que se apresentam os maiores problemas de convívio social: drogas, álcool, gravidez precoce, violência e outros. Segundo Campos (1998), Outeiral (1999) e Riera (1998), o adolescente encontra-se em uma fase de grandes oscilações da autoestima. Desse modo, envolver os adolescentes em atividades que estimulem e consolidem uma autoestima elevada é fundamental para a formação de sua personalidade.

- *Implicação*: a situação-problema impacta com riscos e sérios prejuízos à população envolvida. Exemplo: os espaços e os tempos para as crianças brincarem são cada vez mais reduzidos. Se elas ficarem impossibilitadas das interações com os colegas nas brincadeiras, sofrerão consequências em seu desenvolvimento físico, mental e social. Portanto, é essencial que o professor reconheça nas brincadeiras o importante papel que exercem na evolução da criança e crie espaços e momentos para essas práticas na educação infantil (ROSSETTO JÚNIOR, 2003).

- *Escassez de estudo*: não existe literatura sobre o assunto ou existe em número reduzido. Exemplo: os estudos sobre a participação das meninas nas aulas de Educação Física remontam a datas já distantes ou são referentes a outras localidades do país, como as regiões Sul e Sudeste. Dessa forma, torna-se imprescindível a análise das causas da evasão das aulas especificamente na cidade de Natal (RN).

- *Inovação*: a literatura não aborda especificamente o problema levantado, tornando a pesquisa inédita no enfoque sobre o tema. Exemplo: Existem diversos estudos sobre a capacidade física de flexibilidade; no entanto, não se constatam informações sobre a relação entre a flexibilidade e a *performance* no tênis, especialmente na categoria juvenil. Tal aspecto agrega enorme relevância a essa pesquisa, em razão de possibilitar aos treinadores da modalidade a avaliação do treinamento desta capacidade física tanto no volume como na intensidade quando o objetivo é melhorar o rendimento dos atletas da categoria juvenil.

Os critérios apresentam aspectos sociais (humanidade) e profissionais da área de estudo, e não apenas pessoais.

Procure elaborar uma justificativa para a sua pesquisa considerando o tema, o problema e os objetivos, em combinação com os critérios elencados.

2.1.10 Fundamentação teórica

Na estruturação do projeto de pesquisa científica, o pesquisador deve utilizar-se do discurso científico para a sustentação de seus argumentos. Esse discurso se alicerça na realidade dos fatos e na compreensão dos acontecimentos revelados pelas pesquisas antecedentes e teorias já formuladas. Dessa forma, a **fundamentação** é a busca de **referencial teórico** em livros, artigos científicos, dissertações e teses que sustentem a proposição do problema de pesquisa e dos objetivos.

A fundamentação constitui-se na apresentação das elucidações e em tentativas de compreensão do problema de pesquisa, formuladas em bibliografias sobre o tema. Assim, relata-se a gênese do problema, o contexto de inserção (social, cultural e ambiental) e as teorias, os conceitos, as ideias e as hipóteses que possibilitam o entendimento do problema.

A sustentação teórica é a elaboração de um quadro teórico do tema, que estabelece um mapa para orientação e balizamento durante todo o processo da pesquisa. No início, é simples, mas, no decorrer do estudo, o pesquisador acrescenta, detalha e melhora as informações que consubstanciam o quadro teórico (DOXSEY; RIZ, 2005).

De acordo com Richardson (1985), a fundamentação teórica estrutura-se da seguinte forma:

- Definir o fenômeno, descrevendo as explicações e percepções encontradas na literatura e explicitando a tendência ou conceituação que assumirá no estudo (conceitos).
- Demonstrar os elementos que o constituem e o que anteriormente foi compreendido sobre o fenômeno estudado e suas relações com outros fenômenos (teorias).
- Sistematizar e sintetizar os conhecimentos e representações (conceitos e teorias), e organizar o que já foi apresentado do problema, que subsidiam a explicitação das teorias e dos conceitos que favorecem o esclarecimento dos fatos, dos contextos e dos elementos que configuram o problema de pesquisa.

A elaboração de um problema de pesquisa nasce de questionamentos de nossas experiências, de fatos e de outros elementos, que se constituem no ponto de partida para a fundamentação teórica. Na Figura 5, esquema do quadro teórico, as informações levantadas com base na experiência constam à esquerda; à direita, apresenta-se a fundamentação teórica que tenta explicar os fatos e fenômenos relatados.

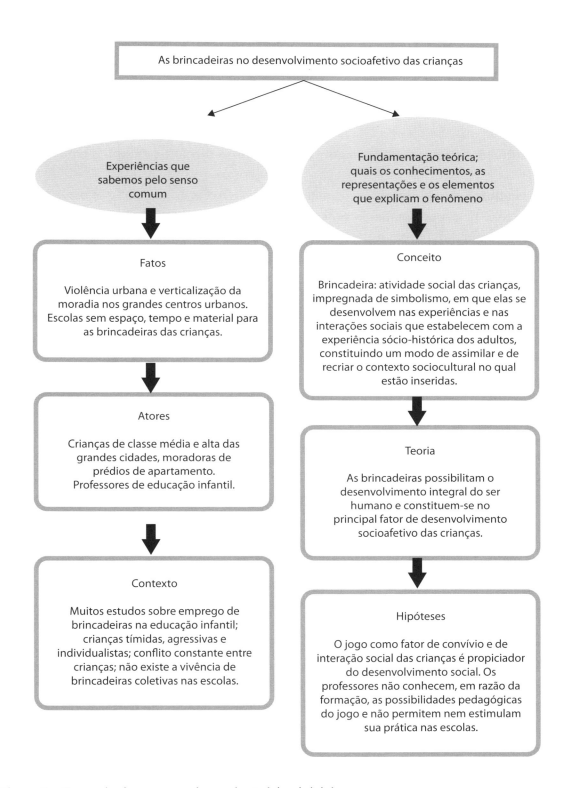

Figura 5 – Exemplo de esquema de quadro teórico inicial.

Nos Capítulos IV e V, serão apresentados exemplos de quadro teórico de projeto de pesquisa.

Agora, é a sua vez! Levante e selecione algumas produções científicas, como artigos, teses, dissertações e livros, e formule uma sustentação teórica ao seu problema de pesquisa.

2.1.11 Limitações da pesquisa (somente para pesquisa direta de campo e laboratorial)

Na **limitação da pesquisa**, levantam-se as possíveis influências que podem ou não ser controladas pelo pesquisador e o que está sendo examinado, analisado e avaliado na pesquisa, por exemplo, fatores ambientais ou sociais, como espaço da sala de aula ou pátio, temperatura, vento, umidade do ar, cultura, alimentação, hábitos de higiene, atividade física e profissão.

Se o pesquisador tiver que aplicar um teste motor em crianças na escola, mas no dia marcado choveu, a quadra não pôde ser utilizada e os testes foram aplicados na sala de aula com um dos grupos, esse fator ambiental pode influenciar os resultados, criando-se uma limitação ao estudo, pois os resultados relacionam-se ao espaço de sala de aula e não podem ser generalizados para outros locais.

Outros exemplos: o pesquisador quer saber a influência da prática de exercícios aeróbios (caminhada) na redução da massa gorda de mulheres da terceira idade, tendo como amostra 30 mulheres praticantes de caminhada (1 hora) 3 vezes por semana. Nessa pesquisa, é possível controlar o exercício, mas a alimentação, que é um dos fatores responsáveis pelo aumento da massa gorda, não é controlada. As circunstâncias devem ser descritas na pesquisa para clareza da abrangência e limitação do estudo.

As limitações do estudo devem ser explicadas, pois uma informação explícita desse gênero não só fornece um dado importante, mas estabelece o alcance do estudo. Como o investigador domina os dados da pesquisa em qualquer projeto, tem a possibilidade de manipular as informações para apresentar os resultados desejados ou realizar generalizações. Entretanto, se ocorrerem relações que não podem ser comprovadas com os dados que tem em mãos, sua pesquisa não tem validade alguma. Se, porém, os dados se referem somente a um conjunto mais limitado, indicando que as extrapolações e as generalizações são indesejáveis e impossíveis e limitando-se a objetivos e análises que as informações coletadas permitem, o pesquisador evita equívocos que comprometem e, às vezes, invalidam a pesquisa.

Segundo Thomas e Nelson (2002, p. 64), "não existe estudo perfeito". O pesquisador deve ter habilidade para contornar situações que ocorram no decorrer do estudo, fazendo sua pesquisa tornar-se a mais autêntica possível. Dois fatores podem favorecer o dimensionamento e o direcionamento da pesquisa: **a elaboração ou construção de hipóteses** e a **indicação das variáveis da pesquisa**.

2.1.11.1 Indicação das Variáveis da Pesquisa (somente para pesquisas de campo ou laboratoriais)

Para Lakatos e Marconi (2001), variável é uma classificação ou medida, ou seja, um conceito operacional que apresenta valores passíveis de mensuração.

As **variáveis da pesquisa** podem ser definidas como algo que muda de forma observável e quantificável, por exemplo, preconceito, aptidão física, força, resistência aeróbia, habilidade motora, sexo, idade, comportamentos, atitudes, entre outros fatores.

Pode-se dizer que a variável é uma propriedade à qual se atribui valor suscetível de alteração em caso específico e em situações particulares ao longo de uma pesquisa.

Todas as variáveis que interferem no objeto devem ser controladas para não comprometer ou invalidar a pesquisa. A seguir, os tipos de variáveis mais comumente encontradas em pesquisas na área de Educação Física.

2.1.11.1.1 Variável independente (I)

É a variável que influencia, determina ou afeta outra variável, o elemento que sofre manipulação por parte do pesquisador no momento de estabelecer a relação do fator como fenômeno observado, para verificar se este afeta as outras variáveis, interfere ou exerce influência sobre os resultados do trabalho.

É a condição ou a causa para um determinado efeito ou consequência. Em uma pesquisa experimental, é a variável manipulada pelo investigador para verificar que influência exerce sobre um possível resultado.

A **variável independente** também pode ser chamada de **variável experimental** ou **de tratamento**.

2.1.11.1.2 Variável dependente (D)

É o elemento que será analisado e explicado em consequência da influência que sofre de outras variáveis, ou seja, é o fator que varia conforme o pesquisador modifica a variável independente.

Pode ser considerado como o fator ou propriedade, efeito, resultado, consequência ou resposta de algo que foi estimulado, resultado da manipulação da variável independente.

A **variável dependente** apresenta modificações em razão da alteração da variável independente. Pode ser explicada como valor, fato ou efeito em determinadas hipóteses. É também chamada **variável de critério**.

ATENÇÃO: a classificação de um aspecto investigado em uma das variáveis não é fixa. Em uma determinada pesquisa, uma variável pode ser dependente e, em outra, independente. É determinante para a classificação da variável a estruturação do problema central de pesquisa. Assim, uma variável pode ser considerada dependente em um estudo e independente em outro, e vice-versa. Exemplo: "Qual a influência da capacidade de força explosiva (variável independente) no desempenho dos atletas (variável dependente) de voleibol?". Em outra pesquisa, abordando os mesmos assuntos, a classificação das variáveis seria inversa: "Qual a influência da prática de voleibol (variável independente) para o desempenho de força explosiva (variável dependente) nos membros inferiores dos atletas?". Mais uma vez, constata-se que a maneira como se elabora o problema é fundamental na determinação dos métodos e na estruturação de todo o trabalho científico. Um fator pode ser variável independente em um estudo e dependente em outro, de acordo com a formulação do problema.

2.1.11.1.3 Variável interveniente (IN)

Há fatores ou propriedades que teoricamente afetam o fenômeno observado, mas que não podem ser manipulados ou medidos pelo pesquisador.

Esses fatores, variáveis, não podem ser considerados como independentes, em razão de não serem passíveis de manipulação pelo pesquisador, mas podem influenciar os valores assumidos pelas variáveis dependentes, prejudicar a relação causa-efeito entre variáveis independentes e dependentes, influenciando o resultado da pesquisas em que o pesquisador consiga isolá-los para análise ou suprimi-los.

Conforme Lakatos e Marconi (2001, p. 150), "a variável interveniente é aquela que, em uma sequência causal, coloca-se entre a variável independente (I) e a variável dependente (D), tendo a função de ampliar, anular ou diminuir a influência de I sobre D", sem que o pesquisador domine sua influência nos resultados do estudo, como se observa no exemplo:

Problema de pesquisa: quais as implicações da construção de jogos nas aulas de Educação Física para a aprendizagem da leitura e da escrita? Ou: a construção de jogos e brincadeiras nas aulas de Educação Física interfere no processo de aprendizagem da leitura e da escrita? Variáveis independentes (I): construção de jogos. Variáveis dependentes (D): aprendizagem da leitura e da escrita. Variáveis intervenientes (IN): as aulas de alfabetização ministradas pela professora polivalente.

Problema de pesquisa: a prática de exercícios resistidos interfere na massa corporal de mulheres adultas? Variáveis independentes (I): prática de exercícios resistidos. Variáveis dependentes (D): massa gorda. Variáveis intervenientes (IN): o número de calorias ingeridas na dieta do praticante e o tipo de alimentação.

As fases da pesquisa

É necessário conhecer os limites da ciência e não tentar ir além de seus recursos. É preciso saber o que não pode ser objeto de pesquisas de cunho científico. De outra forma, não será possível respeitar as características básicas que determinam o conhecimento e a pesquisa científica.

2.1.11.2 Construção de Hipóteses

A **hipótese** pode ser definida como uma suposição que antecede a constatação dos fatos. Sua função é proporcionar explicações para certos fatos e, ao mesmo tempo, orientar a busca de outras informações sobre a área temática.

De acordo com Thomas e Nelson (2002), a hipótese é o resultado antecipado de um estudo ou experimento, baseando-se na experiência e nas vivências do pesquisador e na teoria disponível sobre o assunto. Quando o pesquisador inicia o estudo, parte de um problema que irá solucionar e vislumbra os resultados que acredita alcançar.

A **construção de hipóteses** é fruto do aprofundamento dos estudos dos objetos pesquisados, de reflexões, analogias e raciocínio sobre o quadro teórico. Em virtude desse aspecto, as hipóteses, geralmente, são relatadas apenas nas pesquisas diretas, quando já ocorreu a apropriação e a compreensão do referencial teórico referente ao tema.

Lakatos e Marconi (1985, p. 104) classificam as hipóteses em **básicas** e **secundárias**, apontando suas diversas formas. As hipóteses **básicas** são:

- As que afirmam, em determinadas situações, a presença ou ausência de certos fenômenos. Por exemplo: as meninas com o menor nível de desenvolvimento motor são as que apresentam a menor motivação para as aulas de Educação Física e são as primeiras a desistir.
- As que se referem à natureza ou características de dados fenômenos em uma situação específica. Por exemplo: a amplitude articular (flexibilidade) na execução dos movimentos do tênis (voleio e saque) apresenta predominância do fator genético em relação ao treinamento. Desse modo, o treinamento de flexibilidade não implica ganho significativo no rendimento.
- As que apontam a existência ou não de determinadas relações entre fenômenos. Por exemplo: as crianças que brincam em grupos mostram-se mais cooperativas e tolerantes com as outras.
- As que preveem variação concomitante, direta ou inversa, entre certos fenômenos, etc. Por exemplo: quanto maior o aumento de massa muscular com o treinamento de força, mais elevada a autoestima.

As hipóteses secundárias são complementares às básicas, caracterizando-se por:

- abarcar em detalhes o que as básicas afirmam em geral;
- englobar aspectos não abarcados pelas básicas;

- apontar relações induzidas da primeira;
- decompor em especificidades a afirmação geral;
- indicar outras relações prováveis de serem achadas.

Cervo e Bervian (2002) e Severino (2003) apresentam algumas regras para a elaboração de hipóteses:

- A hipótese não deve demonstrar o evidente ou o que já foi esclarecido pela teoria básica.
- Não deve contrariar o já foi aceito e explicado pelas leis e teorias.
- Deve-se optar pela hipótese mais simples entre as levantadas.
- A gênese da hipótese são os fatos e a teoria, que devem ser verificáveis: não se deve inventar hipóteses.

A elaboração das hipóteses serve como um guia na tarefa de investigação e auxilia na compreensão e na elaboração dos resultados e conclusões da pesquisa, atingindo altos níveis de interpretação.

Agora, é a sua vez! Se sua pesquisa é de campo ou laboratorial, formule hipóteses para a solução do problema levantado, respeitando dicas e critérios abordados no texto.

2.1.12 Definição dos procedimentos e dos instrumentos de pesquisa (direta de campo ou laboratorial)

Após levantamento bibliográfico, fichamento, elaboração do problema, objetivos e demais processos, configurando-se o estudo como pesquisa de campo ou laboratorial, que exige o emprego dos métodos de procedimentos experimental ou descritivo, o pesquisador deve estabelecer qual método empregar, definir a população e a amostra da pesquisa e determinar as técnicas e os processos utilizados na coleta e análise dos dados.

2.1.12.1 Definir a População e a Seleção da Amostra (somente para pesquisa direta de campo ou laboratorial)

População é o conjunto de elementos com determinadas características em comum ou que partilham de uma característica, como homens de 40 a 45 anos sedentários, moradores de Campinas, todos hipertensos e diabéticos, ou crianças do sexo feminino, de 7 a 10 anos, matriculadas na rede estadual de ensino de Santa Catarina, portadoras da síndrome de Down e praticantes de Educação Física Escolar. As populações podem ser finitas, quando é possível determinar o número total de integrantes do conjunto, como os atletas de uma equipe ou os estudantes do ciclo 2 do ensino fundamental da cidade de Jaú, e infinitas, quando é impossível definir o número de elementos da população.

As fases da pesquisa

É complexo, e às vezes impossível, em razão de custos, distância, tempo etc., analisar todos os integrantes da população. Por isso, seleciona-se uma **amostra representativa**. Como definir essa amostra? Quais os sujeitos a se analisar na pesquisa?

De acordo com Thomas e Nelson (2002), amostra é um grupo de sujeitos que terão suas características analisadas de acordo com as variáveis pelas quais o estudo é conduzido, ou seja, uma parcela selecionada da população ou universo (grupo) que se pretende estudar.

A escolha da amostra é um dos momentos mais importantes na pesquisa direta. É nessa etapa que o pesquisador explica como e porque os sujeitos foram selecionados e quais de suas características são pertinentes para o estudo. Então, como determinar o número de integrantes da amostra?

Para verificar determinados fenômenos e as relações entre eles não é necessário selecionar um número grande de pessoas. Por exemplo, imagine uma *pizza* de mussarela: para verificar se está boa, não é preciso comer os oito pedaços, basta um deles!

Com a amostra da pesquisa acontece o mesmo: não é necessário analisar toda a população para comprovar determinados fenômenos. Selecionando uma parcela representativa e considerando as características da pesquisa e as variáveis, é possível realizar a coleta dos dados suficientes para resolução do problema.

A escolha dos sujeitos da pesquisa condiciona-se com o quanto queremos generalizar as conclusões: **grupo pequeno** (uma escola ou um clube) ou **grupo grande** (o município, estado ou país), e quantos sujeitos é necessário analisar para considerar o estudo científico (DOXSEY; RIZ, 2005).

Os principais critérios para a seleção da amostra são **representatividade** e **aleatoriedade**, a fim de que represente a grande população, ou seja, os achados da amostra poderão ser inferidos para a população maior (THOMAS; NELSON, 2002).

Na amostra aleatória, os métodos para a seleção são o sorteio e as tabelas de números aleatórios, com base na lista de todos os elementos da população.

Algumas vezes, a amostra não é selecionada de maneira aleatória, mas intencional ou racional. O pesquisador, na maioria das vezes, deve justificar, de acordo com determinadas características, a seleção da sua amostra, pois se relaciona com as características estabelecidas no problema e nas hipóteses formuladas.

A amostra aleatória é menos importante quando se tenta identificar relações entre as variáveis, como nas pesquisas experimentais. Esse tipo de problema é muito menos sensível à não aleatoriedade da amostra. Por exemplo: em uma pesquisa experimental que objetiva verificar a variável dependente da aprendizagem motora em relação às variáveis independentes de sexo e idade dos sujeitos, é necessário assegurar que o grupo experimental e o de controle tenham igual número de homens e mulheres de cada idade (RICHARDSON et al., 1985).

Nesses casos, somente as características intencionalmente avaliadas pela pesquisa poderão ser comparadas, sendo necessário que o pesquisador demonstre claramente o que será medido na amostra.

Segundo Serlin (1987 apud THOMAS; NELSON, 2002), um bom e suficiente princípio da amostragem permitirá generalizações para qualquer população da qual a amostra é suficientemente representativa. As técnicas de determinação da amostra representativa da população (cálculo de amostragem) reduzem o número de sujeitos da pesquisa sem invalidar os resultados e a generalização das conclusões para toda a população estudada.

Contudo, não basta um número ou parte qualquer da população para configurar a amostra. O número de sujeitos deve ser representativo da população para a generalização dos resultados. Segundo Richardson et al. (1985), o tamanho da amostra depende da **amplitude do universo**, do nível de confiança estabelecido, do erro de estimação permitido e da proporção da característica pesquisada na população. A forma mais precisa para a determinação do número de sujeitos é usar o cálculo de amostragem.

Quanto à amplitude, a amostra divide-se em **finita** e **infinita**. O universo (população) é finito se não ultrapassar as 100.000 unidades. Esse conceito é importante para definir as fórmulas de cálculo das amostras.

O nível de confiança consiste na porcentagem de segurança que se deseja atingir com a pesquisa (95,4% ou 99,7%), ou seja, significa que a probabilidade de 95% ou 99% dos resultados obtidos na amostra é válida para a população.

Os resultados da amostra não são exatamente iguais aos da população. Desse modo, é necessário estabelecer a porcentagem (%) de erro de estimação (medição). Quanto maior a exatidão estabelecida, menor o erro de estimação e maior a amostra. Geralmente, utiliza-se erro de 4% ou 5%.

Também é necessário estimar a porcentagem da característica pesquisada na população (universo). Por exemplo: estima-se que 50% dos alunos já tiveram experiências esportivas antes de chegar ao 5º ano do ensino fundamental (população). É muito difícil realizar essas estimativas; portanto, devem-se utilizar estudos anteriores para alicerçar a pesquisa e propor uma proporção de característica.

- Exemplo de cálculo de amostras simples

Em uma pesquisa que pretende identificar o nível de habilidades motoras esportivas das crianças do 5º ano das escolas municipais de São Paulo (SP), com nível de confiança de 99% e margem de erro permitida de 4%, qual deve ser o tamanho da amostra?

Como a população é superior a 100.000 alunos, utiliza-se a fórmula para universos infinitos, pois a amplitude do universo (população) não influi no cálculo da amostra.

$$N = \frac{o^2 \cdot p \cdot q}{E^2}$$

Em que:

N = tamanho da amostra.

o^2 = nível de confiança escolhido, em número de desvios.

    (68,3% = 1 desvio; 95,4% = 2 desvios; 99,7% = 3 desvios).

p = porcentagem das características pesquisadas na população.

q = porcentagem do universo que não tem a característica pesquisada (q = 100 – p).

E^2 = margem de erro de estimação permitida.

Seguindo o exemplo:

$$N = \frac{o^2 \cdot p \cdot q}{E^2} \quad \rightarrow \quad N = \frac{3^2 \cdot 50 \cdot 50}{4^2}$$

Considerações:

- o nível de confiança é de 99%, equivalente a $3o^2$;
- considerando que a porcentagem de alunos que tiveram experiências esportivas é desconhecida, supõe-se a situação mais desfavorável: p = 50. Portanto, q = 100 – 50. q = 50.

Cálculo:

$$N = \frac{9 \cdot 2500}{16} \quad \rightarrow \quad \mathbf{N} = 1.406,25 \text{ alunos (sujeitos) da amostra.}$$

A fórmula para cálculo da amostra[1] não incluiu a amplitude do universo, em razão de trabalhar com população (universo) infinita (maior que 100.000). O tamanho da amostra seria o mesmo se a população fosse de 250.000 ou 830.000.

- Exemplo com população finita (inferior a 100.000)

Em uma pesquisa que pretende identificar o nível de habilidades motoras esportivas das crianças do 5º ano das escolas municipais do Rio de Janeiro (RJ), com nível de confiança de 95% e margem de erro permitida de 4%, qual é o tamanho da amostra? Considerando uma população de 50.000, emprega-se a fórmula para universos finitos.

$$n = \frac{o^2 \cdot p \cdot q \cdot N}{E^2 \cdot (N - 1) + o^2 \cdot p \cdot q}$$

Em que:

n = tamanho da amostra para populações finitas.

o² = nível de confiança escolhido, em número de desvios (68,3% = 1 desvio; 95,4% = 2 desvios; 99,7% = 3 desvios).

p = porcentagem das características pesquisadas na população.

q = porcentagem do universo que não tem característica pesquisada (q = 100 – p).

N = tamanho da população.

E² = margem de erro de estimação permitida.

---

[1] Para mais esclarecimentos sobre cálculo de amostra, consultar:

RICHARDSON, R. J. et al. *Pesquisa social*: métodos e técnicas. São Paulo: Atlas, 1985.

LEVIN, J.; Fox, J. A. *Estatísticas para ciências humanas*. 9. ed. Tradução de Alfredo Alves de Farias; revisão técnica de Ana Maria Lima de Farias. São Paulo: Pearson Prentice Hall, 2004.

Cálculo:

$$n = \frac{2^2 . 50 . 50 . 50000}{4^2 . (50000 - 1) + 2^2 . 50 . 50}$$

$$n = \frac{4 . 2500 . 50000}{16 . (49.999) + 4 . 2500} = \frac{10000 . 50000}{799984 + 10000}$$

$$n = \frac{500000000}{809984} \quad \rightarrow \quad \mathbf{n} = 617,3 \text{ alunos (sujeitos) da amostra}$$

Considerações:

- o nível de confiança é de 95%, equivalente a $2o^2$;
- considerando que a porcentagem de alunos que tiveram experiências esportivas é desconhecida, supõe-se a situação mais desfavorável: p = 50. Portanto, q = 100 – 50. q = 50.

O tamanho da amostra é motivo de muitas discussões. O Ministério do Esporte (BRASIL, 2004), com o intuito de auxiliar os pesquisadores iniciantes, considera como amostras representativas de população, que permitem análises estatísticas significativas, aquelas com número mínimo de 30 sujeitos. Como regra genérica, adota-se como amostra 10% da população. Dessa forma, até em uma população de 300 a amostra será sempre constituída de 30 sujeitos.

Marino (2003) apresenta, na Tabela 2, sugestão de cálculo da amostra pelo percentual representativo da população, o qual também pode ser adotado pelos pesquisadores.

Tabela 2 – Tamanho da amostra

Número da população	Porcentagem sugerida	Número para amostra
1 - 100	100%	1 a 100
101- 200	15%	15 a 30
201 - 500	10%	20 a 50
501 - 1000	10%	50 a 100
1001...	5%	50

Fonte: adaptada de Marino (2003, p. 66).

Apesar de mais trabalhoso, para garantir a exatidão e fidedignidade da pesquisa, o ideal é calcular a amostragem, desconsiderando as porcentagens sugeridas pelo Ministério do Esporte (BRASIL, 2004) e por Marino (2003).

Geralmente, a amostra para pesquisa com coleta de dados qualitativa (não quantificada em números, porcentagens ou proporções) não é selecionada de maneira aleatória, porque esta é menos importante quando se tenta identificar relações entre as variáveis, as tendências e as associações. Especialmente nas pesquisas que adotam o método de coleta e análise de dados qualitativos, não se utilizam as técnicas de cálculo de amostragem e permite-se liberdade na estipulação da amostra do estudo.

O pesquisador, na maioria das vezes, tentará justificar, de acordo com determinadas características, a seleção da sua amostra. Por exemplo: Quem conhece profundamente o problema pesquisado? Quais os sujeitos com mais experiência com a situação problema? Quais os sujeitos que têm possibilidades de participar do estudo? É necessário que o pesquisador demonstre claramente o que será medido na amostra, porque somente as características medidas poderão ser comparadas.

Quem determina a amostra é o pesquisador, de acordo com a abrangência de sua pesquisa. Por isso, são fundamentais o planejamento e a justificativa para os métodos, as técnicas e as estratégias, pois um estudo de caso pode analisar uma equipe de esporte, uma academia, uma escola ou uma instituição.

Apenas o bom senso não é o bastante para estipular a amostra das pesquisas científicas.

2.1.12.2 Instrumentos para Coleta de Dados (somente para pesquisa direta de campo ou laboratorial)

Selecionada a amostra da pesquisa, deve-se definir como serão coletados e analisados os dados. Para confiar na veracidade das informações, o **instrumento de pesquisa** precisa ter validade, confiabilidade e fidedignidade. Um instrumento é válido quando, de fato, mede o que pretende medir. É confiável quando é preciso e não apresenta variabilidade de resultados (consistência dos resultados de um teste ou instrumento de medição), e fidedigno quando, aplicado à mesma amostra, oferece os mesmos resultados de forma consistente.[2]

Os processos e as técnicas utilizados na pesquisa têm relação direta com o problema a ser estudado. Segundo Lakatos e Marconi (2001, p. 155), "a escolha do instrumento dependerá de vários fatores relacionados com a pesquisa, ou seja, a natureza dos fenômenos, os objetos de pesquisa, os recursos financeiros, a equipe humana e outros elementos que surgem no campo da investigação".

Existem várias técnicas (instrumentos) para levantar dados significativos e representativos do fenômeno estudado. Às vezes, esses dados podem ser quantificados, expressos em números pelo método de coleta de dados quantitativos, que se utiliza, geralmente, dos seguintes instrumentos: teste, avaliação, questionário, formulário, medidas de opinião e de atitude, apesar de não se restringirem à coleta de dados quantitativa (exemplo: verificação do peso das pessoas antes de iniciarem um programa de treinamento e o peso posterior a um período de três meses de prática de musculação), os dados recolhidos podem ser quantificados, expressos em números.

Existem, também, dados intangíveis, não objetivos e não numéricos, mas mensuráveis, já que expressam valores, opiniões, sentimentos e conhecimentos, dados subjetivos na busca de padrões de resposta, de tendências e de associações. O método de coleta de dados

---

[2] Para aprofundamento sobre a validade, a confiabilidade e a fidedignidade dos instrumentos, consultar: RICHARDSON, R. J. et al. *Pesquisa social*: métodos e técnicas. São Paulo: Atlas, 1985.

Metodologia da Pesquisa em Educação Física

qualitativos utiliza-se, geralmente, dos instrumentos: observação, entrevista e estudo de documentos (que também podem ser utilizados nas pesquisas com análises quantitativas). Exemplo: em uma entrevista, a opinião e o sentimento dos alunos em relação à aula (treinamento ou Educação Física Escolar) e ao trabalho do professor. Os dados podem até ser mensurados, mas o primordial é a qualidade das informações, que deve permitir identificar uma tendência ou associar a percepção da aula ao desempenho do professor.

É comum utilizar a combinação de técnicas e instrumentos de coleta de dados, dependendo do problema de pesquisa, dos objetivos e da disponibilidade de recursos e tempo do pesquisador.

Veja alguns instrumentos mais comuns.

2.1.12.2.1 Entrevista

A **entrevista** é empregada para mapear e compreender o mundo da vida dos respondentes; fornece dados básicos para o desenvolvimento e a compreensão das relações entre os atores e a situação investigada (BAUER; GASKELL, 2003).

O objetivo da entrevista é colher dados relevantes de fontes ou de pessoas pelo contato direto do pesquisador com os sujeitos da amostra. A melhor forma de conhecer uma pessoa é face a face, aproximando-se da pessoa. O pesquisador pode elaborar a entrevista de diferentes formas, de acordo com a estruturação do roteiro. A entrevista pode ser classificada em:

- *Estruturada*, na qual há uma sequência de perguntas pré-formuladas, precisas e fixas. O pesquisador dirige o processo e evita desvios e devaneios do entrevistado.
- *Semiestruturada*, em que são fixados temas em certa ordem, com perguntas elaboradas no momento da entrevista.
- *Não estruturada*, na qual o pesquisador comenta o assunto com o entrevistado, deixa-o falar e, no decorrer da entrevista, estimula e efetua correções de rumo, visando conseguir do entrevistado os aspectos mais importantes do problema de pesquisa.

Em qualquer dos tipos de entrevista, o pesquisador deve deixar o entrevistado à vontade para responder às questões, mostrando domínio sobre o assunto e evitando que o diálogo se desvie dos objetivos da pesquisa. Conforme Ruiz (1996, p. 61), "o entrevistador deve coletar dados e não discuti-los com o entrevistado; disso se conclui que o entrevistador deve falar menos e ouvir mais".

O contato inicial entre entrevistador e entrevistado é de grande importância para motivar e preparar o informante, a fim de que suas respostas sejam sinceras e adequadas. No decorrer das entrevistas, as perguntas que o entrevistado não compreender devem ser repetidas e, se for o caso, enunciadas de forma diferente. Deve-se dar tempo suficiente para que o entrevistado reflita e responda às perguntas com tranquilidade.

Richardson (1985) descreve algumas dicas para a realização de entrevistas, descritas a seguir.

Introdução da entrevista:

- Explicar o objetivo e a natureza do trabalho, dizendo ao entrevistado como foi escolhido.
- Assegurar o anonimato do entrevistado e o sigilo das respostas.
- Indicar que ele pode considerar algumas perguntas sem sentido e outras difíceis de responder, mas solicitar a colaboração nas respostas.
- O entrevistado deve sentir-se livre para interromper, pedir esclarecimentos e criticar o tipo de pergunta.
- O entrevistado deve falar algo de sua própria formação, experiência e áreas de interesse.
- O entrevistador deve solicitar autorização para gravar a entrevista, explicando o motivo.

Dicas para a entrevista:

- Tente criar com o entrevistado um ambiente de amizade, identificação e cordialidade.
- Ajude o entrevistado a adquirir confiança.
- Permita ao entrevistado concluir seu relato e ajude a completá-lo, comparando datas e fatos.
- Formule perguntas com frases compreensíveis.
- Construa questões adequadas aos interesses e à linguagem do entrevistado.
- Atue com espontaneidade e franqueza, não com rodeios.
- Escute o entrevistado com tranquilidade e compreensão, mas realize uma crítica interna inteligente.
- Evite a atitude de protagonismo e autoritarismo.
- Não dê conselhos nem faça considerações moralistas.
- Não discuta com o entrevistado.
- Não preste atenção apenas ao que o entrevistado quer esclarecer, mas também ao que não deseja ou não pode.
- Evite toda discussão relacionada com as consequências das respostas.
- Não apresse o entrevistado, dê o tempo necessário para que conclua o relato e considere seus questionamentos.

No fechamento (conclusão) da entrevista, de acordo com Marino (2003), agradeça ao entrevistado e informe o prazo e o meio em que estarão disponíveis os resultados e as considerações da pesquisa.

É necessário fazer o registro da entrevista ao mesmo tempo que ela está sendo realizada, cuidando para não inibir nem obrigar o entrevistado a interromper o fluxo do pensamento ou esperar até que anotações sejam feitas.

Um fator importante são os instrumentos para o registro dos dados, como o caderno de registros ou um formulário próprio. As anotações feitas pelo pesquisador durante a entrevista não são, porém, suficientes. É impossível registrar toda a fala do entrevistado. Considerando que a memória pode falhar, deve-se, além de anotar os dados coletados, consultá-los após a entrevista, completando-os com informações pessoais, sem distorcer o que foi dito pelo entrevistado.

A gravação é um recurso muito utilizado para não se perder dados relevantes, principalmente nas pesquisas semi e não estruturadas, nas quais as respostas são mais abertas. De posse do material gravado, é feita a transcrição, que permite análise mais minuciosa e consistente das informações recolhidas.

Normalmente, utilizam-se, nas entrevistas, diferentemente do questionário, perguntas abertas ou simplesmente tópicos, pois o entrevistador está próximo do informante. Para Cervo e Bervian (2002), perguntas abertas permitem livre resposta do informante. Exemplo:

- O que você entende como uma boa aula de Educação Física?
- Quais os referenciais teóricos que embasam a elaboração de seu plano de curso?
- Quais as metas e os objetivos da Educação Física?
- Que aspectos você procura estimular e desenvolver nas aulas de Educação Física?
- Quais seus objetivos com a musculação?
- Qual sua opinião sobre os horários e as atividades da academia?
- O que o motiva para a prática de exercícios físicos?

Todos os instrumentos apresentam vantagens e desvantagens. Por isso, é necessário observar qual o problema de pesquisa, os objetivos, a amostra e, principalmente, as condições de pesquisa. Seguem algumas vantagens e limitações da entrevista.

Vantagens:
- Favorece a superação das dificuldades de redigir as respostas, podendo expressar claramente sua opinião ou percepção.
- Permite o esclarecimento das perguntas aos entrevistados.
- Os entrevistados podem explicar suas respostas, possibilitando o aprofundamento dos questionamentos.
- Proporciona a utilização de recursos visuais e gestuais para elucidar as questões.
- Certeza de que os dados levantados pertencem à amostra da pesquisa, em razão da entrevista face a face.

Limitações:
- Constrangimento do entrevistado em ceder as informações.
- Dispêndio de tempo e de recursos financeiros.
- Habilidade do pesquisador em guiar a entrevista rumo aos objetivos.
- Disponibilidade de horário do entrevistado.
- Análise dos dados após transcrição da entrevista.

Atualmente, tem-se utilizado da entrevista *online*. O pesquisador utiliza as redes sociais, lista de *e-mails* e outros para conseguir dados para a pesquisa.

A seguir, um modelo de convite para a entrevista *online*.

Olá! Sou João da Silva, 28 anos, professor de Educação Física e também praticante de *skate*.

Estou fazendo pós-graduação na Universidade XXXXX, na área de Educação Física, e estou estudando a prática de *skate* na região metropolitana de São Paulo.

Você está sendo convidado para participar de uma pesquisa acadêmica sobre o hábito da prática de *skate* e leva apenas 8 minutos para ser preenchida. Seu *e-mail* foi obtido no *site* [nome do *site*], que um dia você preencheu, deixando-o disponível para contato.

Sua participação é voluntária e os seus dados serão mantidos em completo sigilo, somente utilizados de forma agregada para fins da pesquisa acadêmica. Não há resposta certa ou errada, e você pode parar de responder às perguntas que serão formuladas no momento que desejar. Mas gostaria muito de contar com sua participação, pois não existem muitas pesquisas acadêmicas sobre *skate* no Brasil.

Caso queira entrar em contato comigo para tirar dúvidas a respeito da pesquisa, segue meu *e-mail*: joãosilva1234@hotmail.com.br. Se preferir checar meus dados, meu currículo fica hospedado no *site* do Conselho Nacional de Pesquisa (CNPq), órgão do governo federal em que estão catalogadas informações sobre pesquisadores brasileiros: <http://lattes.cnpq.br/675893478929299>.

Agradeço antecipadamente a sua colaboração.

João da Silva

2.1.12.2.2 Questionário

Cervo e Bervian (2002) afirmam que o **questionário** é a forma mais utilizada para coletar dados, possibilitando medir com exatidão o que se deseja.

Com esse instrumento, o informante responde por escrito questões estruturadas e relacionadas com o tema da pesquisa. Pode ser aplicado em uma amostra grande, caso em que a entrevista é limitada. As questões devem estar claras para que o informante responda com precisão, evitando dúvidas.

O pesquisador deve informar aos participantes os objetivos do estudo e a importância de responder às questões com seriedade.

Caso algum dos informantes não se sinta à vontade para responder o questionário, o pesquisador pode substituí-lo por outro que esteja a par do assunto e possa ser incluído na amostra selecionada para o estudo.

O questionário pode ser composto de **perguntas abertas**, destinadas à obtenção de respostas livres, ou de **perguntas fechadas**, com alternativas determinadas, que limitam as respostas, pois são mais padronizadas e de fácil aplicação. Segundo Cervo e Bervian (2002), para perguntas fechadas assinala-se apenas sim ou não ou, ainda, marca-se uma das alternativas. Geralmente, utilizam-se para o questionário perguntas fechadas, deixando as abertas para as entrevistas.

Em ambos os casos, existem vantagens e desvantagens para a realização da pesquisa. Uma das grandes vantagens das perguntas abertas é a possibilidade de o entrevistado responder com mais liberdade, sem ter de marcar uma alternativa imposta pelo pesquisador, expondo sua opinião sobre o tema.

Uma desvantagem importante das perguntas abertas é a dificuldade de classificação, de codificação, de tabulação e de análise dos dados. Existem pessoas que têm mais facilidade para escrever do que outras, o que as tornam um fator limitante. Não se pode esquecer que as perguntas abertas demandam tempo para serem respondidas.

As perguntas fechadas são fáceis de decodificar; o entrevistado não precisa escrever, apenas marcar a alternativa que melhor se aplica; o preenchimento do questionário é facilitado e, quando se envia um questionário pelo correio (o que não é recomendável), é mais provável que seja devolvido preenchido se as perguntas forem fechadas.

Uma das maiores desvantagens das perguntas fechadas é a impossibilidade de oferecer ao entrevistado todas as alternativas de respostas, limitando os dados e influenciando o resultado da pesquisa. Em questionários como as escalas de atitudes, os entrevistados podem escolher uma das alternativas, geralmente a intermediária, e assinalar todas as respostas das perguntas apenas nessa alternativa.

O questionário pode ser misto, com perguntas abertas e fechadas. As perguntas fechadas são destinadas a obter informações sociodemográficas sobre o entrevistado (sexo, escolaridade, idade etc.) e identificar suas opiniões (sim – não; conheço – não conheço etc.). Já as perguntas abertas visam aprofundar as opiniões do entrevistado a respeito do tema, podendo expor seus pensamentos sobre o assunto investigado.

No questionário, deve-se indicar o modo de assinalar a alternativa, principalmente nos questionários aplicados na ausência do pesquisador. Há dois métodos para aplicar questionários: o contato direto pesquisador-sujeito e o questionário enviado pelo correio, *e-mail* ou fax.

No contato direto, o próprio pesquisador ou pessoas treinadas por ele aplicam o questionário diretamente. Na outra modalidade, o questionário e todas as instruções são enviados às pessoas previamente escolhidas.

O envio de questionário pelo correio, *e-mail* ou fax apresenta uma desvantagem: não se pode estar seguro quanto à resposta, nem saber se a pessoa responde sozinha. Nesses casos, a quem atribuir as opiniões? Se ao grupo familiar, a pesquisa seria invalidada.

Na introdução do questionário, convém indicar o objetivo de sua aplicação e o que se espera do informante.

Segundo Richardson (1985), no começo do questionário, devem constar informações que caracterizem o informante (itens sociodemográficos), como nome (muitas vezes, as pessoas respondem mais livremente quando não precisam se identificar), sexo, idade, estado civil etc., caso seja relevante para a pesquisa.

Em seguida, perguntas sobre o problema de pesquisa, mas em termos gerais. Exemplo: se o questionário refere-se a aspectos da evasão da academia ou das aulas de Educação Física, elaboram-se questões de opinião e valores sobre a academia, as aulas, os treinos e os professores.

Posteriormente, iniciam-se as perguntas centrais do questionário, as mais complexas ou emocionais e que possibilitam diagnosticar a percepção e o conhecimento do entrevistado sobre o problema.

Na última parte, apresentam-se questões mais fáceis e uma última questão que propicie ao informante expressar seus sentimentos sobre a coleta de dados.

Devem ser tomadas várias precauções: as perguntas precisam ser facilmente compreendidas, evitando-se confusão e ambiguidade; deve-se partir de questões simples que introduzam o entrevistado no tema e não colocar no início do questionário questões de foro íntimo, que obriguem o entrevistado a longa exposição.

Marino (2003, p. 60-1) descreve algumas dicas para elaboração do questionário:

- Determine exatamente o que você quer saber.
- Faça perguntas curtas e claras. Evite perguntas com mais de uma ideia ou tema central. As perguntas não devem ter mais que 20 palavras.
- Use linguagem clara e simples. Não use jargões. As pessoas precisam estar familiarizadas com os termos utilizados.
- Evite o uso de palavras vagas, como "geralmente", "normalmente", "em média", "tipicamente", "raramente" etc.
- Procure fazer um questionário atraente. Planeje um formato de fácil compreensão, colocando espaços, cabeçalhos em negrito. Elabore um questionário fácil de ser respondido. Um questionário muito longo pode alarmar os entrevistados.
- Verifique se a resposta a uma pergunta tem vínculo com a pergunta seguinte. Se necessário, acrescente: "Se você respondeu sim..." ou "Se você respondeu não...".
- Determine como as respostas serão registradas e analisadas.

Todos os instrumentos apresentam vantagens e desvantagens, como mencionado anteriormente.

Vantagens:
- Possibilita obter informações de um grande número de pessoas em pouco tempo e com baixo custo.
- Abrange ampla área geográfica sem treinamento de pesquisadores, ao ser enviado pelo correio, *e-mail* ou fax.

- Evita a interferência do pesquisador na indução das respostas pela distância do indivíduo que responde o questionário.
- Possibilita o anonimato de quem responde, favorecendo a liberdade das respostas, nem sempre honestas.
- Propicia respostas mais refletidas, em razão do tempo suficiente para responder e da menor pressão para resposta imediata.
- A tabulação, a análise e a classificação dos dados são realizadas com maior facilidade, principalmente no questionário fechado.

Desvantagens
- Na maioria das vezes, não se obtêm 100% de respostas. Dos questionários enviados (correio, fax e *e-mail*), o retorno é cerca de 10% a 15%, o que pode influir na amostra e afetar os resultados.
- Pessoas com dificuldade de redação não conseguem exprimir suas percepções, sentimentos e opiniões de forma clara e objetiva.
- Não se tem certeza de que as respostas expressam a verdade e a realidade (problema de validade).
- Perguntas fechadas direcionam as respostas.
- As respostas podem variar de acordo com o estado de ânimo do entrevistado.

Hora, local, dia e momento de responder ao questionário interferem na informação dos dados. São fatores que não podem ser controlados pelo pesquisador (problema de confiabilidade).

A seguir, serão apresentados alguns exemplos de perguntas de questionário aberto para o problema de pesquisa: "Quais as causas da evasão das aulas de Educação Física do ensino médio nas escolas particulares da cidade de Natal (RN) por parte das meninas?".

1ª Parte – questões sociodemográficas:
- Qual a sua idade? Em qual série estuda? Quanto tempo está nesta escola? Onde mora?

2ª Parte – questões de opinião e valores:
- O que você julga ocorrer nas aulas de Educação Física? O que pensa a respeito da prática de atividade física? O que gostaria de realizar nas aulas de Educação Física? Qual sua opinião sobre as aulas de Educação Física?

Continua

Continuação

3ª Parte – questões mais complexas ou emocionais e de percepção e conhecimento sobre o problema estudado:

- Quais os conteúdos/atividades das aulas de Educação Física? Qual a conduta do professor nas aulas? O que você observa nas aulas de Educação Física? O que escuta dos colegas nas aulas? O que escuta do professor? O que observa na atuação do professor? Qual a sua conduta nas aulas? Qual a sua participação nas aulas? Qual a conduta dos colegas nas aulas? Qual a participação dos colegas nas aulas?

4ª Parte – questões que expressam sentimentos em relação ao problema:

- Como se sente nas aulas? Em que momento você se sente motivado? Em que atividade você se sente intimidado? Em que atividade você se sente inseguro? Como se sentiu ao responder ao questionário?

2.1.12.2.3 Formulário

O **formulário** é utilizado quando se pretende obter respostas de uma amostra mais ampla, com maior número de informações, ou seja, é um questionário fechado, com alternativas, que o pesquisador preenche rapidamente ao consultar o entrevistado.

Para Ruiz (1996), o formulário permite esclarecimentos verbais adicionais às questões de entendimento mais difíceis e pode ser aplicado em informantes analfabetos ou com deficiências visuais e auditivas.

Pode-se dizer que o formulário é uma entrevista com alternativas, em que o pesquisador lê as questões e preenche as respostas, como se verifica no exemplo:

Metodologia da Pesquisa em Educação Física

Formulário:

1) Qual sua avaliação das aulas de voleibol quanto à motivação?
( ) excelente   ( ) ótima   ( ) boa   ( ) regular   ( ) ruim   ( ) péssima
Comentários: _____

----

2) Qual sua avaliação das aulas de voleibol quanto aos benefícios fisiológicos?
( ) excelente   ( ) ótima   ( ) boa   ( ) regular   ( ) ruim   ( ) péssima
Comentários: _____

----

3) Qual sua avaliação das aulas de voleibol quanto à participação dos colegas?
( ) excelente   ( ) ótima   ( ) boa   ( ) regular   ( ) ruim   ( ) péssima
Comentários: _____

----

4) Qual sua avaliação em relação à postura do professor nas aulas de voleibol?
( ) excelente   ( ) ótima   ( ) boa   ( ) regular   ( ) ruim   ( ) péssima
Comentários: _____

----

5) Quais as condições proporcionadas pelo clube para as aulas de voleibol?
( ) excelentes   ( ) ótimas   ( ) boas   ( ) regulares   ( ) ruins   ( ) péssimas
Comentários: _____

----

6) Como você avalia as competições disputadas pela equipe de voleibol à qual você pertence?
( ) excelentes   ( ) ótimas   ( ) boas   ( ) regulares   ( ) ruins   ( ) péssimas
Comentários: _____

Cervo e Bervian (2002) apontam:

Vantagens do formulário:
- O investigador auxilia e orienta o entrevistado.
- Permite perguntas mais complexas, que podem ser esclarecidas.
- Pode ser aplicado a grupos heterogêneos quanto à idade, ao grau de instrução e ao nível de informação, inclusive com analfabetos (crianças e adultos), o que não ocorre como questionário.
- Abrange um grande número de sujeitos na amostra com o contato face a face.
- Facilidade e uniformidade na análise e interpretação dos dados.

Desvantagens:

- Direcionamento das respostas, em razão do limite de opções.
- Possibilidade de o pesquisador influenciar a resposta com a entonação de voz.
- Presença física do pesquisador ou de pessoa treinada para a coleta de dados.
- Depende da boa vontade do entrevistado.

2.1.12.2.4 Testes

Esse instrumento é utilizado nas mais diversas áreas da ciência com a finalidade de obter, essencialmente, dados quantitativos que permitam medir o rendimento, a frequência, a capacidade ou a conduta de grupos ou indivíduos.

Realizar um **teste** significa medir e avaliar, com dados objetivos e quantificáveis, que são comparados e classificados com índices, critérios e categorias preestabelecidas e padronizadas.

Os testes podem ser padronizados (nesse caso, o pesquisador deve citar o autor do teste), o que traz cientificidade e sustentabilidade à pesquisa; por já terem sido empregados e avaliados anteriormente, servem como parâmetros para o pesquisador. Se não existirem testes específicos para o estudo na forma pela qual se planeja a pesquisa, o próprio autor do trabalho pode elaborar alguns, lembrando de que esse instrumento deve ser preciso, fidedigno e comparado com um teste pré-existente, processo denominado de **validação do teste** (BRASIL, 2004).

Para um bom trabalho, deve-se escolher nos referenciais teóricos os melhores testes: de habilidade, de aptidão ou ortopédicos.

Ao selecionar os instrumentos de teste, utilizam-se três critérios: autenticidade científica, praticabilidade administrativa e aplicação educacional.

A autenticidade científica é a certificação de que o teste foi cientificamente elaborado e possibilita a cura do processo de medição. Os critérios para avaliar um teste, em termos de seu valor científico, são: confiança, objetividade, validade e normas de procedimento (padronização).

A confiança e a objetividade referem-se à consistência da medição para qualquer teste, utilizando-se os procedimentos padronizados. Exemplo: se um teste foi administrado em um grupo de alunos hoje, deve-se esperar o mesmo resultado se for administrado em um grupo semelhante em outra ocasião.

O teste é válido quando mede o que pretende medir. Para medir as habilidades motoras da modalidade voleibol, é necessário utilizar um teste que proponha atividades relativas a essas habilidades e que seja cientificamente comprovado para avaliar esses aspectos.

Para a padronização, é preciso obedecer às mesmas normas de procedimento para aplicação do teste, ou seja, proceder de acordo com o protocolo do teste.

A seguir, são apresentados alguns testes padronizados, comumente utilizados na Educação Física (CELAFISCS, 1998, p. 33-77).

- Teste de corrida de 50 metros – potência anaeróbia aláctica.

Metodologia da Pesquisa em Educação Física

- Teste de corrida de 40 segundos – potência anaeróbia total.
- Teste de corrida de 1.000 metros – potência aeróbia.
- Teste de banco de Balke – potência aeróbia.
- Teste de banco de Åstrand – potência aeróbia.
- Teste de bicicleta ergométrica – potência aeróbia.
- Teste de corrida de 12 minutos – potência aeróbia.
- Teste dinâmico de barra – força muscular.
- Teste estático de barra – força muscular.
- Teste abdominal – força muscular.
- Teste de impulsão vertical – força muscular.
- Teste de impulsão horizontal – força muscular.
- Teste de preensão manual – força muscular.
- Teste de corrida de 50 metros – velocidade.
- Teste de *shuttle run* – agilidade.

2.1.12.2.5 Observação

Essa técnica é empregada geralmente quando o intuito do pesquisador é analisar, avaliar e examinar as relações sociais e/ou interações entre pessoas de um determinado grupo, comunidade ou sociedade (cultural, econômica, profissional). Conforme Luna (2002, p. 55), se uma pesquisa "pretende avaliar as interações entre professora e alunos, a fonte mais direta possível é a observação em sala de aula", que permite ao pesquisador coletar dados significativos para a solução de seu problema de pesquisa.

Um procedimento que auxilia muito é a filmagem com câmera de vídeo, que possibilita uma análise precisa das interações e dos fatos, observando diversas vezes o fenômeno.

As coletas de dados com base na **observação** podem ser realizadas de duas formas: com a participação do pesquisador como um dos atores (pesquisa participante), colocando-se na posição e no nível dos sujeitos que constituem o fenômeno investigado, escondendo ou não as suas reais intenções. Por exemplo, se o pesquisador quer investigar interesses, hábitos, motivações, aspirações, relações sociais e rotinas de exercícios ou trabalho de alunos de uma academia ou de professores de Educação Física, é preciso inserir-se no grupo como um deles.

O pesquisador pode também adotar a postura apenas de observador, de espectador atento, procurando registrar os acontecimentos relevantes à sua pesquisa, por exemplo, analisar as interações entre as crianças em uma aula de Educação Física ou entre o professor e os alunos.

Para Richardson (1985), a observação pode ser sistemática, com estrutura determinada, com fichas e listas de registros para anotação das ocorrências e frequências, e assistemática, quando a observação é livre, sem instrumentos de registros, mesmo que tenha de seguir o planejamento e os objetivos da pesquisa.

A observação assistemática ou espontânea apresenta problemas, por exemplo:

- é esporádica, capta fragmentos do fenômeno observado;
- é subjetiva, de modo que gostos e aversões pessoais interferem na captação e interpretação dos dados;
- pré-noções interferem muito;
- atenção maior é dada ao excepcional;
- não apresenta registro, e muito do observado se perde.

A observação espontânea não representa a realidade, pois é limitada.

A seguir, são apresentadas algumas vantagens e limitações da observação na coleta de dados.

Vantagens:
- Obter imediatamente a informação e as experiências dos sujeitos analisados.
- Meio direto de estudar os fenômenos sociais.
- Analisar aspectos do comportamento humano que não poderiam ser verificados de outra forma, como atitudes e sentimentos de crianças pequenas, que não conseguem expressar-se com palavras.
- Investigar assuntos desconfortáveis para os sujeitos pesquisados, como as relações interpessoais.
- Exigir menos dos sujeitos investigados, que não alteram sua rotina diária, ficando o trabalho para o pesquisador.

Limitações:
- O pesquisador altera a rotina e o comportamento usual dos observados.
- O pesquisador é considerado intruso.
- Exige competências, pois obriga o pesquisador a se aproximar e distanciar-se dos objetos de estudo.
- Dificuldade de relatar os acontecimentos no momento em que ocorrem e perda posterior das informações.
- A câmera de vídeo interfere no andamento das atividades, podendo fazer que os fatos observados não correspondam ao que ocorre.

Como relatam Laville e Dione (1999), nenhum instrumento é perfeito; o ideal é o pesquisador utilizar vários procedimentos como complementação das técnicas de coleta de dados em uma mesma pesquisa.

2.1.13 Programação da pesquisa

No **projeto de pesquisa**, elabora-se uma programação ou cronograma de trabalho, estipulando as várias etapas da pesquisa, distribuídas pelo período disponível para o estudo: divisão das tarefas de acordo com os meses, semanas e dias, até a data limite para a entrega da redação final. Veja os exemplos nos Quadros 1 e 2:

Quadro 1 – Cronograma de pesquisa direta, campo ou laboratório

Meses Atividades	Abr. 2016	Mai. 2016	Jun. 2016	Jul. 2016	Ago. 2016	Set. 2016	Out. 2016	Nov. 2016	Dez. 2016	Jan. 2017	Fev. 2017	Mar. 2017	Abr. 2017	Mai. 2017
Escolha e delimitação do tema	X	X												
Formulação do problema	X	X												
Definição dos objetos de estudo		X	X											
Estipulação dos objetivos		X	X											
Levantamento do material bibliográfico	X	X	X	X	X									
Compilação das referências				X	X									
Fichamento das leituras				X	X	X	X	X	X					
Levantamento das limitações						X	X							
Definição dos métodos							X							
Coleta dos dados								X	X					
Análise dos dados										X				
Tratamento dos dados										X	X			
Codificação dos resultados											X			
Redação do texto final											X	X	X	X
Elaboração do painel ou artigo													X	X

Quadro 2 – Cronograma de pesquisa indireta, bibliográfica ou documental

Meses / Atividades	Abr. 2016	Mai. 2016	Jun. 2016	Jul. 2016	Ago. 2016	Set. 2016	Out. 2016	Nov. 2016	Dez. 2016	Jan. 2017	Fev. 2017	Mar. 2017	Abr. 2017	Mai. 2017
Escolha e delimitação do tema	X	X												
Formulação do problema	X	X												
Definição dos objetos de estudo		X	X											
Estipulação dos objetivos		X	X											
Levantamento do material bibliográfico	X	X	X	X	X									
Compilação das referências				X	X									
Fichamento das leituras				X	X	X	X	X	X	X				
Redação do texto final										X	X	X	X	X
Elaboração do painel ou artigo													X	X

Procure obedecer aos prazos estabelecidos para as etapas, pois existe um tempo-limite para a finalização e entrega do trabalho acadêmico, em razão do término do curso ou da bolsa de estudo concedida por órgãos governamentais. É preciso dedicar-se inteiramente para cumprir os prazos estabelecidos à pesquisa científica.

2.2 DESENVOLVIMENTO E REALIZAÇÃO DA PESQUISA

2.2.1 Revisão de literatura

A **revisão de literatura** é a crítica do material bibliográfico que aborda os objetos de estudo da pesquisa. Devem-se analisar as principais ideias dos autores, salientando suas contradições, divergências ou semelhanças, discordando ou concordando com elas.

Nessa etapa, o pesquisador deve apresentar uma síntese das ideias dos autores e posicionar-se criticamente a respeito do assunto, ancorando-se em fontes e dados cientificamente levantados.

Os modos de realizar a redação, a apresentação e a estruturação da revisão bibliográfica serão apresentados e detalhados no Capítulo IV.

Após a revisão de literatura nas pesquisas de campo ou laboratoriais, o próximo passo é a coleta, o tratamento, a análise e a interpretação dos dados coletados.

2.2.2 Coleta de dados (pesquisas diretas de campo e laboratorial)

Nessa etapa, aplicam-se os instrumentos elaborados ou técnicas selecionadas, com o objetivo de efetuar a **coleta dos dados** para a pesquisa.

O pesquisador deve ter tempo disponível, pois a tarefa exige dedicação e esforço pessoal, além de cuidado com os registros durante a coleta.

O controle dos instrumentos da pesquisa é fundamental para evitar erros, pois nem sempre os entrevistados, informantes, respondentes ou executantes dos testes e questionários conhecem bem as pretensões do pesquisador.

O pesquisador deve planejar os instrumentos, os locais, o tempo que a investigação utilizará para concluir sua tarefa com precisão e sucesso. Afinal, imprevistos sempre surgem durante a pesquisa.

2.2.3 Análise e interpretação dos dados (somente nas pesquisas diretas de campo ou de laboratório)

Posteriormente, o pesquisador faz a **análise dos dados** para **interpretá-los** e obter as respostas que procura para seu problema de pesquisa.

Durante a análise, o pesquisador procura estabelecer nexos entre os dados, a questão básica do estudo e as hipóteses levantadas, organizando e classificando os dados, a fim de encontrar as relações entre as variáveis.

A análise dos dados pode caminhar por dois paradigmas ou métodos de análise: quantitativo e qualitativo. Dependendo do problema de pesquisa dos objetos de estudo e dos objetivos, utiliza-se um ou outro método de análise de dados, ou ambos, para alcançar resultados mais precisos e abrangentes. Deve-se focar no problema de pesquisa, pois, em alguns casos, é necessária uma análise quantitativa, e, em outros, qualitativa. O fundamental é perceber que os métodos de análise não são excludentes, e sim complementares.

Para realizar a análise, é fundamental cumprir as etapas a seguir.

2.2.3.1 Estabelecimento de Categorias

Consiste em estabelecer princípios comuns aos dados verificados com base nas respostas obtidas para enquadrá-los em determinada classe ou grupo e organizar as diversas respostas para as perguntas da pesquisa. Desse modo, faz-se necessário escolher algum princípio de classificação para decidir quais as categorias significativas para a pesquisa. As perguntas da pesquisa ou as hipóteses são boa base para a escolha dos princípios de classificação, bem como as referências teóricas, que abordaram o tema e elaboraram categorias. Pode-se formar mais de uma categoria, ou um "conjunto de categorias", que devem ser mutuamente exclusivas, havendo sempre a categoria residual, que "aceita tudo" o que não pode ser classificado nas categorias estipuladas.

2.2.3.2 Codificação

É o processo técnico que reduz a código os dados, transformando-os em símbolos – geralmente numerais – que podem ser tabulados e contados. A **codificação** não é automática: exige o julgamento de um codificador, o que nem sempre ocorre, pois, muitas vezes, quem codifica os dados é o próprio entrevistador ou observador.

Certas perguntas são feitas de tal forma que sua resposta automaticamente é colocada em uma categoria, principalmente quando do levantamento de opinião e escolha múltipla, em que a resposta é limitada a **sim** ou **não**.

2.2.3.3 Tabulação das Respostas

Tabulação é a "contagem" para determinar o número de casos que estão nas várias categorias e verificar a "tabulação cruzada" e o "desdobramento", expressões que indicam concomitância de ocorrência em duas ou mais categorias, como o número de casos que apresentam elevada educação e pequena renda.

A tabulação das respostas é essencial para a descoberta ou verificação de relações entre as variáveis dos dados, podendo ser realizada manualmente ou com o auxílio do computador.

2.2.3.4 Tratamento dos Dados (somente nas pesquisas direta de campo ou laboratorial)

O **tratamento dos dados** tem como finalidade a realização de estimativa sobre aspectos de uma variável ou fenômeno com base em uma amostra da população.

As técnicas estatísticas permitem a inferência sobre o comportamento ou características da população à luz das informações fornecidas pela amostra por meio de estimativa de parâmetros, de testes de hipóteses e de determinação do tipo de relacionamento entre o fenômeno estudado e seus determinantes.

Os métodos estatísticos são usados para descrever dados obtidos na amostra estudada e avaliar a precisão das generalizações para a população total.

Lakatos e Marconi (2001), Levin e Fox (2004) e Richardson et al. (1985) indicam como principais medidas estatísticas:

Descrição dos dados
- Medidas de posição ou tendência central: média, mediana, moda, *quartis* e *percentis*.
- Medidas de dispersão ou variabilidade: amplitude, desvio-padrão e variância.
- Comparação de frequência: razão, proporção e porcentagens.

Avaliação e precisão das generalizações
- Testes de significância não paramétricos: quiquadrado, teste da mediana e *t* de *student*.
- Correlação: coeficiente de correlação de Pearson, correlação de Spearman e gama de Goodman e Kruskal.

Abordar, descrever, detalhar, explicar e exemplificar os métodos e as fórmulas estatísticas exigiria redigir inúmeras páginas, o que a presente obra não comporta, além de não ser este o foco, em razão de tratar-se de conhecimento abordado e esgotado em obras específicas, como as sugeridas para consulta.[3]

2.2.3.5 Codificação dos Resultados

Nesse momento, o pesquisador apresenta, por meio de tabelas, quadros estatísticos e gráficos, as informações obtidas com a análise dos dados, favorecendo a visualização e facilitando a compreensão e a análise dos resultados para o leitor.

Conforme Cervo e Bervian (2002, p. 162),

> a representação dos dados ou codificação permite a concentração de um maior número de informações em menor espaço, permite a visualização dos fenômenos através da representação de material figurada e facilita a comparação dos dados.

2.2.3.5.1 Tabelas e quadros estatísticos

As **tabelas** e os **quadros** estatísticos são instrumentos que possibilitam a rápida compreensão dos dados pelo leitor.

---

[3] Para mais explicações e detalhes, consultar:

LEVIN, J.; FOX, J. A. *Estatísticas para ciências humanas*. 9. ed. Tradução de Alfredo Alves de Farias; revisão técnica de Ana Maria Lima de Farias. São Paulo: Peterson Prentice Hall, 2004.

RICHARDSON, R. J. et al. *Pesquisa social*: métodos e técnicas. São Paulo: Atlas, 1985.

SILVA, L. R. R. *Desempenho esportivo*: treinamento com crianças e adolescentes. São Paulo: Phorte, 2006.

VIANA, H. M. *Testes em educação*. 4. ed. São Paulo: IBRASA,1982.

Para Lakatos e Marconi (2001, p. 170), "o que caracteriza a boa tabela é a capacidade de apresentar ideias e relações independentemente do texto de informações".

As tabelas ou quadros são compostos de quatro elementos: designação, número (Quadro 1, Tabela 1), título (o que o pesquisador deseja representar) e dados dispostos ordenadamente em colunas e linhas. São exemplos os apresentados nesta obra.

As tabelas apresentam dados quantitativos (numéricos), já os quadros listam as informações textuais. As tabelas não são fechadas nas laterais e suas colunas não são divididas por linhas verticais (a menos que haja necessidade). Nos quadros, linhas verticais delimitam e fecham as colunas, como se verifica nos modelos:

Tabela 3 – Desempenho relativo à intensidade de treinamento em mulheres de 50 a 60 anos

Amostra	População	Pré-teste	Treinamento	Pós-teste
Grupo 1	10	1500 m	65% FCmáx	1590 m
Grupo 2	10	1501 m	55% FCmáx	1750 m
Grupo 3	10	1499 m	50% FCmáx	1700 m

Quadro 3 – Objetivos da educação infantil

Professores	Objetivos da educação infantil
1	Proporcionar à criança vivências em um meio social diferente do familiar.
2	Incentivar a curiosidade, a vontade de saber e conhecer.
3	Estimular a socialização e a convivência em grupo.
4	Utilizar a linguagem oral e escrita na solução de problemas.

2.2.3.5.2 Gráficos

Segundo Lakatos e Marconi (2001), os **gráficos** são figuras utilizadas para a representação dos dados de forma clara e de fácil compreensão, para dar ênfase às relações significativas e de destaque no trabalho.

Gráfico 1 – Velocidade de drible 2

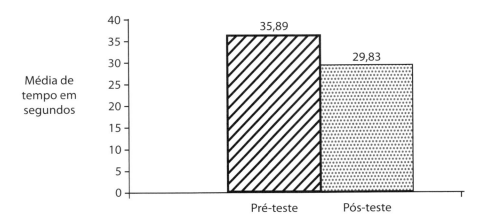

Fonte: Rosseto Júnior (2007).

2.2.3.5.3 Ilustrações

As **ilustrações** são normalmente figuras, desenhos, mapas, fotografias etc. apresentadas e numeradas de acordo com a sua ordem no texto. Em caso de diversos tipos de ilustrações, o pesquisador deve elaborar uma lista para cada tipo de ilustração.

As ilustrações são numeradas com algarismos arábicos, exemplos: Figura 1, Figura 2, Gráfico 4 etc. e também devem ser intituladas, como exposto a seguir:

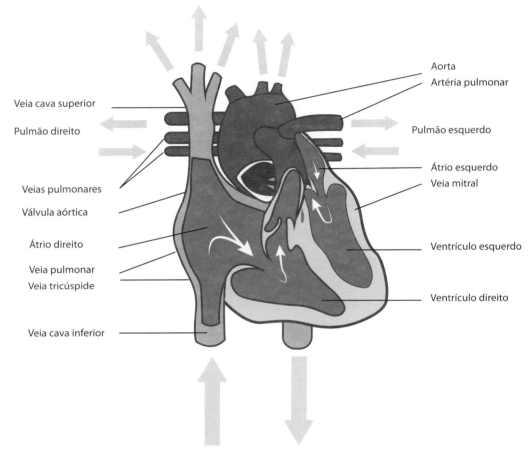

Figura 6 – Padrão do fluxo sanguíneo no coração.
Fonte: adaptada de Simão (2004, p. 18).

Observação: é preciso indicar as fontes de figuras, tabelas e quadros retirados de obras, artigos e trabalhos acadêmicos utilizados na pesquisa: autor, data de publicação e página da obra ou documento. Essas informações são precedidas do termo "Fonte".
Exemplo: Fonte: Fonseca (2002, p. 14).
A fonte da figura deve ser incluída nas referências ao final do trabalho.

2.2.3.6 Análise dos Resultados

Para Lakatos e Marconi (2001), a **análise dos dados** é realizada em três níveis: interpretação, na qual o pesquisador verifica as relações entre as variáveis da pesquisa; explicação sobre os fenômenos que ocorreram na coleta de dados; e especificação, momento em que explicita até que ponto as relações entre as variáveis do trabalho são válidas, suas origens e limitações.

Analisados os dados, é hora de interpretá-los, dar significado às respostas obtidas, descrevendo-as e explicando-as com base nos documentos, obras e conhecimentos adquiridos na revisão bibliográfica.

A relação entre análise e interpretação varia de estudo para estudo. Na maioria das vezes, a interpretação está intimamente ligada à análise, não se constituindo em uma operação distinta, sendo necessário elaborar o processo de interpretação, a "busca" do sentido mais amplo dos resultados.

2.3 REDAÇÃO DO TEXTO FINAL DO ESTUDO

Segundo Severino (2003), as partes do trabalho devem observar uma sequência lógica de pensamento e de compreensão, estruturando-se em três partes: introdução, desenvolvimento e conclusão, ordenados nessa sequência na composição da redação final.

Esses elementos serão explicitados e detalhados no Capítulo III, que aborda especificamente a estrutura e o processo de construção do trabalho acadêmico, cabendo aqui apenas a sua descrição.

2.3.1 Introdução

O capítulo introdutório visa despertar o interesse para a leitura, apresentando o que se pretende realizar na pesquisa. Segundo Thomas e Nelson (2002), não há necessidade de utilizar termos técnicos: devem-se expor as ideias de maneira clara e precisa, esclarecendo suas intenções e como pretende desenvolver a pesquisa. Na **introdução**, devem constar a delimitação do assunto (tema de pesquisa); a definição do problema de pesquisa, a determinação dos objetos de estudo (as questões que orientam o estudo), seus objetivos, suas hipóteses levantadas, seus métodos e processos e as justificativas para a realização da pesquisa, ou seja, deve-se demonstrar a relevância do estudo.

Segundo Mazzotti e Gewandsznajder (1999, p. 153):

> Em resumo, uma introdução bem feita deve lembrar a imagem de um funil: começar pelo problema mais amplo e ir tecendo argumentação com base na análise das lacunas e dos pontos controvertidos na bibliografia pertinente ao tema, examinando aspectos cada vez mais diretamente

Metodologia da Pesquisa em Educação Física

relacionados à questão focalizada no projeto, com o objetivo de demonstrar a necessidade de investigá-la. Quando essa argumentação é realizada com sucesso, ao finalizar a leitura da Introdução o leitor estará convencido da necessidade de realizar a pesquisa proposta e o "Objetivo" ou as "Questões do Estudo" serão vistos como uma consequência lógica da argumentação apresentada.

2.3.2 Desenvolvimento

De acordo com a NBR14724, da Associação Brasileira de Normas Técnicas (ABNT, 2011), no **desenvolvimento** do trabalho deve constar a exposição ordenada das relações entre os fenômenos estudados e outros fatores que complementam a pesquisa.

Os capítulos e itens do desenvolvimento devem demonstrar o que se realizou no estudo:

- revisão bibliográfica (obrigatória em todos os estudos);
- métodos e processos utilizados – amostra, materiais, instrumentos, procedimentos e tratamento estatístico dado na análise dos dados (somente na pesquisa direta de campo ou laboratorial);
- apresentação e discussão ou análise dos resultados (somente na pesquisa direta de campo ou laboratorial).

O desenvolvimento é a parte fundamental da pesquisa, em que se expõe, discute e argumenta sobre as principais ideias, conceitos e pressupostos obtidos por meio do exaustivo embasamento teórico, documental e empírico.

No caso da pesquisa bibliográfica, o desenvolvimento resume-se à revisão de literatura, que é a síntese completa das referências a respeito do tema estudado. Nas pesquisas de campo, é preciso apresentar o método, os procedimentos utilizados, os resultados e a discussão ou análise dos resultados.

2.3.3 Conclusões ou considerações finais

As **conclusões** são a parte final do trabalho, na qual se apresentam os resultados correspondentes aos objetivos e às hipóteses do estudo, respondendo a questão central da pesquisa. Severino (2003, p. 83) relata que "a conclusão é a síntese para a qual caminha o trabalho".

É o momento de estabelecer as relações entre os objetos de pesquisa, fazer a síntese interpretativa dos elementos e resultados do trabalho e solucionar o problema de pesquisa.

Para Lakatos e Marconi (2001), as conclusões devem estar vinculadas à hipótese da investigação, mediante a exposição de fatos a respeito do que foi investigado, analisado, interpretado e discutido.

2.4 EXPOSIÇÃO DO TRABALHO

A **apresentação** e a **comunicação** da pesquisa têm como objetivo a divulgação das informações e constatações levantadas pelo discente/pesquisador, propiciando a participação em eventos científicos, que pode ser de duas formas: painel ou artigo científico.

2.4.1 Painel

O **painel** é muito utilizado nos eventos científicos como forma de propiciar a apresentação da monografia de conclusão de curso; é uma maneira de estabelecer troca de conhecimento e de experiências com os colegas de curso e demais participantes, tornando-se um fator de desenvolvimento teórico e prático da ciência.

A elaboração e a organização do painel são de total responsabilidade do autor, e este pode utilizar toda sua criatividade dentro do espaço determinado pela instituição que chancela o evento científico. Como as medidas variam bastante entre os seminários, congressos e simpósios realizados, é de fundamental importância verificar as normas de apresentação de cada evento científico. Um espaço de 80 cm (largura) × 90 cm (comprimento) é suficiente para expor os itens obrigatórios em painéis.

Itens obrigatórios do painel: título, nome do autor, resumo, introdução, revisão de literatura, resultados (apenas nas pesquisas direta de campo ou laboratorial), conclusão e referências. Como esses itens podem diferir de acordo com o evento científico, é necessário consultar a instituição responsável pela organização do congresso, seminário e simpósio para a correta confecção do painel.

Recomendam-se as fontes Arial 14 ou Times New Roman 16, em razão da dificuldade de leitura dos impressos fixados no painel. O texto deve ter alinhamento justificado, em papel A4, com margens de, no mínimo, 2 cm em todos os lados da folha.

Cada item do painel apresenta características específicas:

- *Título*: em letra maiúscula, com fonte tamanho 52, no mínimo, para chamar a atenção para o trabalho.
- *Nome do autor*: em destaque no painel, porém nunca em maior escala que o título (fonte 32).
- *Resumo*: o mesmo da monografia de conclusão de curso, em fonte específica para o painel, com no máximo 300 palavras, em parágrafo único e em apenas uma folha. A estrutura do resumo, dicas da confecção e mais exemplos encontram-se no Capítulo IV.
- *Introdução*: síntese de uma folha com apenas os aspectos fundamentais – problema da pesquisa delimitado, principais questões que orientam o estudo, objetivos e justificativas primordiais.

- *Revisão de literatura*: duas folhas nas pesquisas bibliográficas ou documentais e uma nas pesquisas de campo ou laboratoriais, com síntese do estudo teórico, procurando responder "apenas" às questões que orientam o estudo, e redigidas de forma concisa, com as informações coletadas em documentos e obras consultados; apresenta uma síntese dos pensamentos dos autores em uma frase, citando as fontes que subsidiam a afirmação, como nos exemplos a seguir.

Exemplo 1:
Com base em Bompa (2002), Fox (1998) e Simões (2004), entende-se que o treinamento de força consiste em... (descrever a conclusão a que chegou sobre treinamento de força tendo como base os autores citados).

Exemplo 2:
Considerando-se os pressupostos de Piaget (1992), Vygotsky (1992) e Wallon (1998), pode-se afirmar que o jogo possibilita... (descrever a conclusão a que chegou sobre as possibilidades dos jogos no desenvolvimento infantil com base no referencial dos autores citados).

- *Resultados e discussão* (somente para pesquisas direta de campo ou de laboratório): nas pesquisas diretas, os dados quantitativos são descritos no painel em forma de gráficos, quadros e tabelas. Nas pesquisas com análises qualitativas, na forma de textos. Em uma folha, apresentar no painel na forma de gráficos, tabelas e/ou quadros, sempre acompanhados de análise e comentários dos números encontrados. Quando o espaço não for suficiente, apresentar apenas os dados mais relevantes.
- *Conclusão ou considerações finais*: em uma única folha; por isso, a relação entre os objetos de estudo, bem como a solução do problema de pesquisa devem ser apresentadas de forma sucinta, clara e objetiva (se a conclusão da monografia consistir em apenas uma folha, deve-se repetir a conclusão da monografia no painel).
- *Referências*: muitas vezes, não é possível, em apenas uma folha, apresentar todas as referências utilizadas. Assim, devem-se priorizar aquelas citadas nos itens que compõem o painel. Caso haja espaço suficiente, apresentar as referências de acordo com a relevância acadêmica, ou seja, teses, dissertações, artigos científicos, livros, revistas, jornais e, por último, internet.

Os espaços podem ser preenchidos por fotos e figuras ilustrativas do assunto abordado, tornando o painel mais interessante.

A Figura 7 apresenta um esquema de painel:

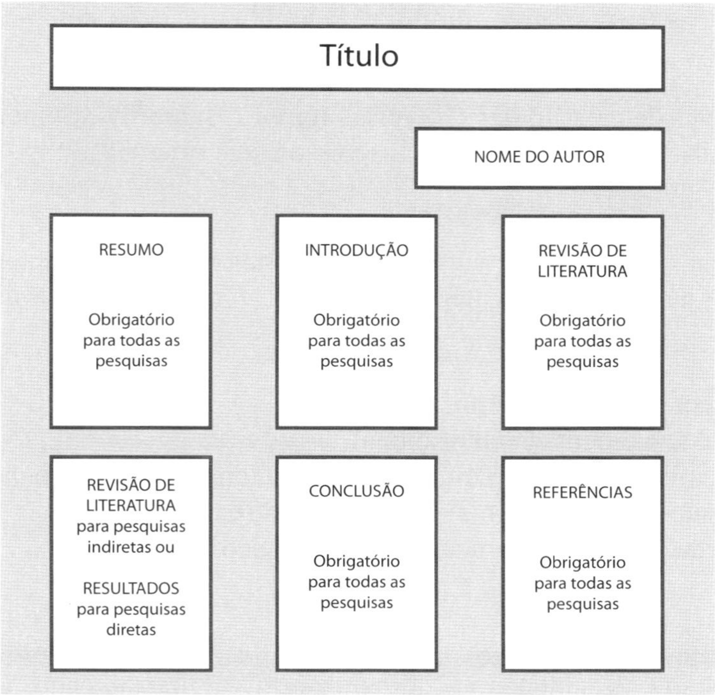

| Título |

| NOME DO AUTOR |

| RESUMO | INTRODUÇÃO | REVISÃO DE LITERATURA |
| Obrigatório para todas as pesquisas | Obrigatório para todas as pesquisas | Obrigatório para todas as pesquisas |

| REVISÃO DE LITERATURA para pesquisas indiretas ou RESULTADOS para pesquisas diretas | CONCLUSÃO Obrigatório para todas as pesquisas | REFERÊNCIAS Obrigatório para todas as pesquisas |

Figura 7 – Exemplo de esquema de um painel.

Exemplo de painel elaborado por Senine (2007):

RESUMO

Esta pesquisa de campo teve como **objetivo** verificar o consumo de suplementos nutricionais e suas características em atletas de natação das categorias Júnior I, Júnior II e Sênior de nível estadual e nacional. A pesquisa fundamentou-se nas obras de Aoki e Seelaender (1999), Araújo e Soares (1999), Gomes e Tirapegui (2000) e Rocha e Pereira (1998). **Metodologia**: Foram entrevistados 80 atletas com idades entre 16 e 27 anos, que treinavam pelo menos 5 vezes por semana, com duração mínima de 2 horas por sessão, com ao menos 2 anos de prática. Os dados foram coletados mediante questionário especificamente formulado para este trabalho. Para analisar os dados, utilizou-se frequência e porcentagem das respostas. **Resultados**: Constata-se que grande número (71,25%) de atletas fazem uso da suplementação. A maioria (82,5%) acredita na eficiência dos suplementos. Os suplementos de BCAA e Maltodextrina foram os citados com maior frequência (57,7%). Como maiores responsáveis pela suplementação foram apontados os nutricionistas, com 41%. **Conclusão**: Conclui-se que os atletas de natação estão sendo orientados quanto ao uso dos suplementos, porém o número dos usuários vem aumentando rapidamente e iniciando cada vez mais cedo, além de utilizarem mais de um tipo de suplemento.

INTRODUÇÃO

1 Problema

Os atletas de natação das categorias Júnior I, Júnior II e Sênior utilizam-se de suplementos nutricionais? Quais, quando, com ou sem orientação?

2 Objetivo

Verificar o consumo de suplementos nutricionais e as características do consumo em atletas de natação das categorias Júnior I, Júnior II e Sênior de nível estadual e nacional.

3 Questões que orientam o estudo

O que é suplementação nutricional?
Qual a influência da suplementação nutricional no desempenho dos atletas?
Quais suplementos são mais utilizados entre os atletas?
Os atletas que consomem suplementação são orientados?

4 Justificativa

Nos últimos anos, muitos atletas vêm mudando radicalmente seus tempos e corpos. Desse modo, os suplementos podem auxiliar na recuperação, proporcionando aos atletas melhores sessões de treinamento e refletindo no seu desempenho. Portanto, é fundamental os treinadores conhecerem a relação entre consumo de suplementos e rendimento esportivo.

REVISÃO DE LITERATURA

1 Aspectos gerais da suplementação

Baseando-se em Aoki e Seelaender (1999), Araújo e Soares (1999), Gomes e Tirapegui (2000) e Rocha e Pereira (1998), há importante relação entre nutrição e atividade física, pois o rendimento do indivíduo melhora mediante nutrição adequada.

2 Suplemento nutricional

Para Araújo et al. (2002), Rocha e Pereira (1998) e Willians (2002), suplemento é entendido como um produto comercial, com composição química, utilizado como estimulante ou para satisfazer uma necessidade fisiológica ou suprir uma deficiência nutricional, melhorando o desempenho.

3 Influências da suplementação nutricional no desempenho

Alicerçando-se em Bonci (2002), Gomes e Tirapegui (2000), Rossi e Tirapegui (1999), quando bem orientada, a nutrição pode reduzir a fadiga, possibilitando que o atleta treine por mais tempo ou se recupere melhor entre os treinos. Acredita-se que a suplementação adequada contribui para o melhor desempenho devido ao "retardamento" da fadiga.

RESULTADOS

Gráfico 1 – Porcentagem de atletas que utilizam suplementação

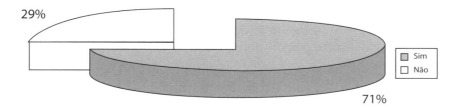

Tabela 1 – Suplementos utilizados pelos atletas de natação

Produtos	f	%
BCAA	33	57,8
Maltodextrina	33	57,8
Proteínas	18	31,5
Vitaminas	17	29,8
Creatina	8	14
Glutamina	7	12,2
Aminoácidos	6	10,5
L-carnitina	3	5,2
Minerais	3	5,2
Hipercalóricos	2	3,5

Tabela 2 – Responsáveis pela prescrição dos suplementos

Profissional que prescreveu	f	%
Instrutor de musculação	0	---
Técnico	4	7,01
Nutricionista	24	42,11
Médico	18	31,58
Outros	11	19,30
Total	57	100

CONSIDERAÇÕES FINAIS

A pesquisa realizada mostrou que o número de atletas de natação que utiliza suplementação vem aumentando rapidamente e essa prática acontece cada vez mais cedo (com 13-14 anos). Oitenta e dois e meio por cento (82,5%) dos atletas acreditam que a suplementação pode auxiliar/melhorar seu desempenho. Porém, a suplementação em excesso ou quando consumida sem necessidade pode causar prejuízos à saúde.

Quanto à prescrição da suplementação, 42% responderam que era realizada por nutricionistas, que mostra que os atletas estão sendo orientados quanto ao uso adequado.

Outro dado interessante é que o suplemento de BCAA foi o mais citado, junto com a maltodextrina. O primeiro não tem efeito direto na natação, o segundo, sim. Com a complementação do treinamento com o treino de força, os atletas utilizam o BCAA, pois acreditam auxiliar em maior ganho de massa magra.

REFERÊNCIAS

AOKI, M. S.; SEELAENDER, M. C. L. Suplementação lipídica para atividades de "endurance". **Revista Paulista de Educação Física**, v. 13, n. 2, p. 230-238, 1999.

APPLEGATE, L. A mania das dietas e utilização de suplementos na prática esportiva. **Gatorade Sporte Science Institute**, v. 4, 1996.

ARAÚJO, A. C. M.; SOARES, Y. N. G. Perfil de utilização de repositores protéicos nas academias de Belém (PA). **Revista de Nutrição**, n. 12, p. 81-89, 1999.

ARAÚJO, L. R.; ANDREOLO, J.; SILVA, M. S. Utilização de suplemento alimentar e anabolizante por praticantes de musculação nas academias de Goiânia-GO. **Revista Brasileira de Ciência e Movimento**, v. 4, n. 10, p. 13-18, 2002.

BONCI, L. As "bebidas energéticas": ajudam, prejudicam ou são apenas moda?. **Gatorade Sporte Science Institute**, v. 1, 2002.

GOMES, M. R.; TIRAPEGUI, J. Relação de alguns suplementos nutricionais e desempenho físico. **Revista de Nutrição**, n. 50, p. 317-329, 2000.

ROSSI, L.; TIRAPEGUI, J. Aspectos atuais sobre exercício físico, fadiga e nutrição. **Revista Paulista de Educação Física**, v. 13, n. 2, p. 186-194, 1999.

2.4.2 Artigo científico

Artigos científicos são pequenos trabalhos científicos, mas completos, porque tratam de questões científicas. Constituem-se como síntese de trabalhos acadêmicos (monografias, dissertações e teses), apresentam as fontes teóricas, os resultados e as conclusões de estudos ou pesquisas, distinguindo-se dos outros trabalhos científicos apenas por sua reduzida dimensão e conteúdo, e não pela qualidade das informações.

O artigo traz contribuições importantes para estudantes e pesquisadores, discutindo temas de grande importância para complementação de trabalhos de graduação e pós-graduação, e possibilita ampliação de conhecimentos, esclarecimento e compreensão de certas questões controversas.

Geralmente, são publicados em revistas ou periódicos científicos especializados e apresentados em eventos científicos, como congressos, seminários e simpósios (SÁ et al., 2000).

Segundo Lakatos e Marconi (2001, p. 259), os artigos científicos, por serem completos, permitem ao leitor, mediante a descrição da metodologia empregada, do processamento utilizado e dos resultados obtidos, repetir a experiência e, assim, constatar ou comprovar os resultados obtidos, bem como a validade e a fidedignidade desse tipo de trabalho acadêmico. Dessa forma, demonstra sua relevância para o avanço da ciência e da pesquisa.

2.4.2.1 Estrutura do Artigo

O artigo científico apresenta uma estrutura bastante próxima dos trabalhos científicos, até porque se trata de uma síntese para comunicação das novas informações:

Preliminares:
- cabeçalho com título e subtítulo (se houver) do trabalho;
- autor(es);
- credenciais do(s) autor(es), que pode(m) aparecer em nota de rodapé;
- local das atividades (instituição de ensino superior na qual foi realizado o estudo).

Resumo: sinopse do trabalho. Apresentam-se as ideias principais, contendo os unitermos ou palavras-chave (três a cinco termos representativos do conteúdo do trabalho).

Segue modelo de apresentação das preliminares e do resumo em artigos científicos, conforme o Boletim da Federação Internacional de Educação Física (2006, v. 76, edição especial, p. 200-3).

A REALIDADE E A (IN)UTILIDADE DA EDUCAÇÃO FÍSICA ESCOLAR, NA CONCEPÇÃO DOS ALUNOS DO ENSINO MÉDIO

Adriano José Rossetto Júnior
Cristiane Godoy Trombini

Universidade Gama Filho
São Paulo – SP/ Brasil

RESUMO

A proposta à Educação Física escolar, elaborada pelo MEC (1998), aponta como conhecimentos da Educação Física a cultura corporal de movimento, utilizando-se como conteúdo os jogos, esportes, danças, ginásticas e lutas, nas dimensões conceituais, procedimentais e atitudinais, que devem garantir oportunidades aos alunos para desenvolverem as potencialidades, acessarem e usufruírem a cultura corporal. Alicerçada nesses pressupostos, esta pesquisa empregou o método descritivo, com objetivo de identificar os conteúdos desenvolvidos na Educação Física escolar nas cidades da Grande São Paulo e analisar a validade e a utilidade na vida atual e futura, na concepção dos alunos do ensino médio. Utilizou-se como instrumento de coleta de dados um questionário aberto, composto de 5 perguntas, aplicado à amostra de 813 adolescentes (16-23 anos) de ambos os sexos, de escolas públicas e particulares, questionando a participação na Educação Física escolar: as atividades desenvolvidas, os benefícios das realizações, as aprendizagens nas aulas e a importância no futuro. Os resultados demonstram que 84% dos alunos participaram da maioria das aulas, os conteúdos vivenciados foram 72% Esportes, 22% Ginásticas, 11% Jogos, 0,6% Danças, 0,4% Lutas e 45% consideram que aprenderam novos esportes. Os benefícios mencionados por 44% dos alunos são fisiológicos/saúde e 13% indicam obtenção de saúde como importância futura. Conclui-se que a maioria das práticas foi esportiva, com a execução de técnicas e fundamentos, sem qualquer contextualização ou reflexão crítica, sem desenvolver conceitos e atitudes importantes para a vida atual e futura, não estimulando a autonomia dos alunos na prática de atividades físicas. Desse modo, cabe aos professores repensarem aulas e objetivos para que os alunos não sejam enganados com relação aos benefícios e sua real utilidade, pois benefícios fisiológicos obtidos com duas aulas semanais são mínimos ou inexpressivos e facilmente perdidos com interrupção, principalmente, porque o objetivo atual da educação é formar cidadãos críticos e autônomos.

PALAVRAS-CHAVE: Educação Física escolar. Realidade. Conteúdos.

Corpo do artigo:

- *Introdução*: apresentação do assunto, delimitação do problema de pesquisa, objetivo, metodologia, limitações e proposições.
- *Revisão de literatura*: exposição, explicação e demonstração do material coletado na literatura relacionada ao tema do estudo, apresentando as ideias e premissas dos principais autores que investigaram o tema.
- *Comentários, conclusões ou considerações finais*: deduções lógicas, e fundamentadas no texto, de forma resumida, respondendo à questão central da pesquisa, ou seja, demonstrando claramente a solução do problema levantado para o estudo.
- *Abstract*: consiste no resumo no idioma inglês.

Parte referencial:

- Referências.
- Anexos ou apêndices (quando houver necessidade).
- Agradecimentos (opcional).
- Local e data.
- Endereço e *e-mail* de um dos autores para correspondência.

Caso seja um trabalho de campo ou de laboratório, o corpo do artigo pode sofrer algumas alterações, incluindo mais itens, como se mostra a seguir:

Preliminares:

- Cabeçalho com título e subtítulo (se houver) do trabalho.
- Autor(es).
- Credenciais do(s) autor(es), que pode(m) aparecer em nota de rodapé.
- Local das atividades (instituição de ensino superior na qual foi realizado o estudo).

Resumo: sinopse do trabalho, apresenta as ideias principais para que o leitor se aproprie do assunto.

Corpo do artigo:

- *Introdução*: como na pesquisa bibliográfica, acrescentando-se as hipóteses.
- *Revisão de literatura*: como na pesquisa bibliográfica.
- *Material e método*: descrevem os sujeitos selecionados para a amostra, os métodos para a coleta de dados e os instrumentos para obtenção das informações, além de todos os materiais necessários para a realização da pesquisa.
- *Apresentação e discussão dos resultados*: apresentados em forma de quadros, tabelas e/ou gráficos dos dados coletados; análise e avaliação dos resultados e comparação com dados apresentados em obras anteriores para a interpretação dos resultados obtidos.

- *Conclusão ou considerações finais*: como na pesquisa bibliográfica.
- *Abstract*: resumo no idioma inglês.

Parte referencial:
- Referências.
- Anexos ou apêndices, se necessário.
- Agradecimentos (opcional).
- Local e data.
- Endereço e *e-mail* de um dos autores para correspondência.

Nota: recomenda-se traçar um esquema, a fim de expor, de maneira lógica e sistemática, os diferentes itens, evitando repetições, omissões de dados ou conteúdo. O espaço, em número de laudas (folhas), geralmente é estabelecido pelas instituições de ensino superior ou revistas. O número de laudas é pequeno para a explicitação de toda a pesquisa, por isso, para envio de artigos destinados à publicação, é essencial consultar as normas da revista.

Exemplo de artigo para a formatação, configuração e elementos a serem relatados:

INSTRUÇÃO PARA ELABORAÇÃO DE ARTIGOS CIENTÍFICOS

Adriano José Rossetto Júnior
Mauro Gomes de Mattos

Universidade Gama Filho

RESUMO

Este exemplo visa orientar a redação de artigos para serem submetidos à publicação. São aceitos trabalhos inéditos, que não tenham sido publicados em periódicos nacionais ou de língua estrangeira. São válidos artigos originais (pesquisa direta) e artigos de revisão (pesquisa indireta). Para facilitar o trabalho de análise e correção, os textos devem ser digitados em Microsoft Word 6.0 ou superior; fonte Times New Roman ou Arial, tamanho 12, com espaçamento simples entre linhas no resumo e espaçamento 1,5 nos demais itens; formatado em papel A4, margens de 2 cm em todos os lados e com no máximo 20 laudas, incluindo tabelas, gráficos e figuras. Elementos obrigatórios do artigo: resumo; introdução; revisão de literatura; material e método (pesquisas diretas); apresentação e análise dos resultados (pesquisas diretas); e conclusões, comentários ou considerações finais. O resumo deve ser escrito em português e em inglês (*abstract*), em parágrafo único com no máximo 300 palavras, seguido de até 5 palavras-chave em ambas as línguas. Os artigos que receberem a nota mínima 7 serão aprovados e os contemplados com a nota máxima (10) serão publicados no *site* da Universidade.
PALAVRAS-CHAVE: Artigo. Instruções. Elementos obrigatórios.

INSTRUCTIONS FOR SUBMISSION OF SCIENTIFIC ARTICLES

Abstract

This model intends to teach about the composition of the articles that would be published. It is accepted unpublished researches that still have been not published in other national scientific journal or that have been published in scientific journal of foreign language. Revision Articles (Indirect Research) and Original Articles (Direct Research) will be accepted. In order to facilitate the referees analysis, the texts sent for publication must be typed in Microsoft Word 6.0 or superior, in Times New Roman or Arial, size 12, with spacing 1,5 cm among lines, in the abstract, and double spacing in other items; it must be formatted in paper A4, its borderlines must measure 2 cm in all sides and containing, at the most, 8 pages, including tables, graphs and illustrations. The article's mandatory elements are: Abstract, Introduction, Literature Review, Material and Methods (Direct Research), Presentation and Results' Analysis (Direct Research) and Conclusions, Comments or Final Considerations. The abstract must be written in Portuguese and in English, in a single

Metodologia da Pesquisa em Educação Física

paragraph with the maximum of 300 characters, followed by until 5 keywords in both langua-ges. The 70-percent articles will be approved and the 100-percent ones will be published in the University's website.

KEYWORDS: Article. Instructions. Mandatory elements.

INTRODUÇÃO

O artigo científico é uma síntese dos trabalhos acadêmicos (monografia, disser-tações de mestrado ou teses de doutorado), para divulgar os resultados e conclusões das pesquisas para a comunidade científica. Constituem um excelente meio de aquisição de conhecimento e atualização profissional.

Alguns pensam que o artigo seja uma monografia resumida, porém o artigo deve relatar todo o conteúdo da pesquisa e os resultados sem descaracterizar o estudo original, o que torna o texto denso e, às vezes, complexo.

O número de laudas (páginas) é definido pela revista científica, variando, geral-mente, entre 4 e 16 laudas. Em razão da diversidade de revistas científicas e das diferentes normas que estas apresentam, entende-se que se deve consultar as revistas para enquadrar o artigo às suas exigências.

Os elementos essenciais que compõem a introdução e dicas de elaboração encon-tram-se no Capítulo IV.

REVISÃO DE LITERATURA

A revisão consiste na análise crítica dos autores, destacando as contradições e con-vergências entre eles, citando a fonte das informações e ideias.

Quanto ao texto, exige-se correção gramatical (obrigatório); nas citações textuais, re-comenda-se a norma NBR 10520/2002. A entrada de autores nas referências deverá ser idêntica à citação no texto. O sobrenome do autor deve ser escrito com a primeira letra maiúscula, se-guido do ano da publicação da obra, como no exemplo: Martins (1995). Caso o nome do autor e o ano estejam no final da frase, devem estar entre parênteses, separados por vírgula e em letras maiúsculas, como no exemplo: (DAEMON, 1974). As citações que contenham até três linhas não serão destacadas em blocos, devendo permanecer com a mesma fonte do texto e entre aspas, indicação do sobrenome do autor, seguido do ano de publicação e da página utilizada, como no exemplo: Martins (1994, p. 10). As citações com mais de três linhas deverão vir destacadas em blocos e recuadas, coincidindo a margem esquerda com a entrada de parágrafo e a margem direita com o texto. Deverá ser usada a mesma fonte do texto, porém, em tamanho menor (11), sem aspas e com espaçamento simples entre linhas.

As formas de redação do texto da revisão de literatura, bem como exemplos de di-ferentes textos acadêmicos encontram-se no Capítulo IV.

MÉTODO

O artigo deverá trazer o **título** em **letras maiúsculas** e em **negrito**, **centralizado**, **com fonte Arial ou Times New Roman 12**; autor(es) alinhado(os) à direita, fonte Arial ou

Times New Roman 12, nome da instituição de ensino superior, com letras maiúsculas e minúsculas em negrito, resumo/palavras-chave, introdução, objetivos, revisão de literatura, metodologia, apresentação e análise dos resultados, conclusões ou considerações finais e referências dos autores citados no artigo. O *abstract* deverá conter no máximo 300 palavras. O artigo deverá ter no máximo 16 laudas no formato A4, de acordo com as normas da NBR 6022 (ABNT, 2003).

Os itens essenciais do método são: amostra, instrumentos, materiais e procedimentos. Detalhamento e exemplos desses elementos também são mencionados no Capítulo IV.

APRESENTAÇÃO E ANÁLISE DOS RESULTADOS

Os quadros, as tabelas e as figuras deverão ser numerados em algarismos arábicos e intitulados (se necessário, apresentar legendas). Observe os exemplos.

Figura 8 – Logotipo do Instituto Esporte & Educação.

Tabela 4 – Porcentagem de questionários aplicados à população

Núcleos	Questionários aplicados Nº	%	Total de alunos
Indaiatuba	184	87,05	210
Heliópolis	341	55,10	619
Jd. São Luis	423	89,02	474
Marechal Tito	392	91,16	430
Itatiba	237	89,30	266
TOTAL	1577	78,89	1999

Quadro 4 – Questionário medidas de opinião sobre a relação da prática motora e autoestima

Você considera que as aulas no Centro Rexona de voleibol o ajudaram a...	Não ajudaram	Ajudaram pouco	Ajudaram muito
1. Persistir diante das dificuldades?			
2. Enfrentar novos desafios?			
3. Perder o medo de errar?			
4. Valorizar seus avanços e conquistas?			
5. Relacionar-se melhor com as pessoas?			
6. Ir melhor na escola?			

Gráfico 2 – Velocidade de drible do basquetebol

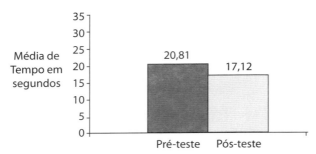

Fonte: Rossetto Júnior (2007).

Os gráficos e as ilustrações não devem ser coloridos, devem ser legíveis e simplificados para facilitar a redução. Não utilizar notas de rodapé como legenda.

Os dados demonstrados devem ser comentados em redação clara e objetiva e analisados com base na comparação e na contextualização com a teoria que sustenta a pesquisa. Como exemplo de análise de resultados, demonstra-se a análise do Gráfico 2.

Na análise do Gráfico 2 (Velocidade de drible do basquetebol), pode-se concluir que os alunos tiveram melhora de 16,88% na *performance* dos dribles entre a primeira e a segunda aplicação do teste, ratificando que o desenvolvimento de jogos e brincadeiras aprimora também esse fundamento do basquetebol. A afirmação na melhora de percentual na média do grupo é 99% confiável, consoante razão *t* de *student* calculada no quadro (t = 6,919).

Os jogos propiciam o desenvolvimento motor, porque possibilitam atividades complexas que requerem uma atitude tático-estratégica e motivação, que, conforme Souza (1999), favorecem o desempenho psicomotor da criança, pois enquanto brinca alcança níveis de complexidade, variabilidade e dificuldade que só a motivação intrínseca consegue estimular.

Os resultados do estudo demonstram os jogos como fatores de estímulo ao desenvolvimento motor, quando associados à explanação de Mitchell (1996) de que durante o jogo surge o gosto pelo gesto técnico, pelo significado que este tem no sucesso do jogo. Desse modo, a criança valoriza a sua execução e passa a exercitar a prática do movimento pelo significado que este representa no êxito do jogo. Proença (1999) também ressalta as condições de prática e motivação dos jogos e brincadeiras como fatores favoráveis para a aprendizagem. Campos (1999) ressalta, ainda, que o estímulo do professor deve ser criativo ao propor atividades lúdicas, em razão da busca da motivação e prazer no processo de ensino e aprendizagem das habilidades motoras.

CONCLUSÕES OU CONSIDERAÇÕES FINAIS

A comissão de ética e a coordenação da revista requerem adotar todos os procedimentos para obtenção do consentimento dos sujeitos do estudo. Em estudos que envolvem experimentos com animais, deve constar uma declaração na seção "Métodos" de que foram realizados em conformidade com a legislação adotada no país.

As Considerações Finais ou Conclusões têm a função de demonstrar a solução do problema de pesquisa. Por isso, não se esqueça de responder de forma clara e objetiva à questão levantada (problema de pesquisa) no início da pesquisa.

REFERÊNCIAS
As referências, contendo somente os autores citados no trabalho, devem ser apresentadas em ordem alfabética ao final do trabalho, de acordo com as normas da NBR 6023 (ABNT, 2002).

Todos os autores citados devem constar na lista de referências. Sugere-se relatar os títulos dos periódicos por extenso, bem como a cidade de publicação. Exemplos:

Revista
FOX, K. A perspectiva da criança na Educação Física: o complexo da autoestima. British Journal of Physical Education, v. 19, n. 6, 1988. In: BARBANTI, V. J. **Aptidão Física e Saúde** – Artigos traduzidos, São Paulo, v. 3, n. 2, p. 21-8, 1999.

Livro
FREIRE, J. B. **Educação de Corpo Inteiro**: teoria e prática da Educação Física. São Paulo: Scipione, 1989.

GALLAHUE, D. L.; OZMUN, J. C. **Compreendendo o desenvolvimento motor**: bebês, crianças, adolescentes e adultos. Tradução de Maria Aparecida da Silva Pereira Araújo. 3. ed. São Paulo: Phorte, 2005.

Capítulo de Livro
ARCHER, E. R. O mito da motivação. In: BERGAMINI, C. W.; CODA, R. **Psicodinâmica da vida organizacional**. São Paulo: Pioneira, 1990. cap. 4, p. 103-24.

MOUTINHO, C. A. La enseñanza del voleibol – la estructura funcional del voleibol. In: GRAÇA, A.; OLIVEIRA, J. **La enseñanza de los juegos deportivos**. Barcelona: Paidotribo, 1998. cap. 2, p. 40-63.

Dissertação/Tese
MATTOS, M. G. **Vida no trabalho e sofrimento mental do professor de Educação Física na escola municipal**: implicações em seu desempenho e sua vida pessoal. 1994. 398 f. Tese (Doutorado em Educação) – Faculdade de Educação, Universidade de São Paulo, São Paulo, 1994.

ROSSETTO JÚNIOR, A. J. **Jogos e brincadeiras na Educação Infantil**: um balanço das dissertações e teses, defendidas nos programas de Pós-graduação em Educação. 2003. 172 f. Dissertação (Mestrado em Educação) – Faculdade de Educação, Pontifícia Universidade Católica de São Paulo, São Paulo, 2003.

Artigos de periódicos

VALLENTINI, N. C. A influência de uma intervenção motora no desempenho motor e na percepção de competência de crianças com atrasos motores. **Revista Paulista de Educação Física**. São Paulo, v. 16, n. 1, p. 62-75, jan./jun. 2002

AOKI, S.; SEELAENDER, M. C. L. Suplementação lipídica para atividades de "endurance". **Revista Paulista de Educação Física**, v. 13, n. 2, p. 230-238, 1999.

Anais de eventos

NEIRA, M. G. Aptidão física na escola: uma alternativa viável. In: Iº CONGRESSO INTERNACIONAL DO DESPORTO E ATIVIDADES FÍSICAS CIDAF FMU,1997, São Paulo. **Anais...** São Paulo: FMU, 1996. p. 82-83.

NARDO JR., N.; TIRAPEGUI, J. Fitness level and overweight and obesity risk in adolescents. In: EUROPEAN COLLEGE OF SPORTS SCIENCE 10TH ANNUAL CONGRESS. Belgrado. **Anais...** Belgrado, 2005. p. 109-17.

Artigos de Jornal e Revistas

ANDAKU, R. Coisa de profissional. **Folha de S. Paulo**. São Paulo, 27 fev. 2002. Caderno de Esporte, p. 3.

COUTINHO, W. O paço da cidade retorna ao seu brilho barroco. **Jornal do Brasil**, Rio de Janeiro, 6 mar. 1985. Caderno B, p. 6.

VASCONCELLOS, J. A atividade física nos parques da cidade. **Revista Isto É**. São Paulo: Três, v. 6, n. 43, p. 12-15, 2000.

Documentos federais, estaduais e municipais

RIO DE JANEIRO. Secretaria de Estado de Educação e Cultura. **Programa Estadual de Educação Física – 1987/1990**. Rio de Janeiro: ECEF/SEEC-RJ, 1987. Xerocopiado.

Documentos eletrônicos

ROSSETTO JÚNIOR, A. J. **A saúde do idoso**: aspectos biológicos, psicológicos e sociais. 2005. Disponível em: <http://www.educacaofisica.com.br/artigos/saude/idoso.html>. Acesso em: 14 jul. 2005.

GHAROTE, M. L. **Yoga aplicada**: da teoria à prática. Tradução e adaptação de Marcos Rojo. 2001. Disponível em: <http://www.phorte.com/informa/mat08.asp>. Acesso em: 26 fev. 2002.

São Paulo (SP), 20 de junho, de 2007.

Endereço para correspondência: Av. Consulado Italiano, 783, Cep. 57132-100, Bauru, São Paulo, Brasil. *E-mail*: rossettojunior@ig.com.br

2.5 APÊNDICE

Periódicos de acesso livre

American Journal of Clinical Nutrition – http://ajcn.nutrition.org
American Journal of Physiology – http://ajpendo.physiology.org/
Boletim Brasileiro de Educação Física – http://boletimef.org/
Canadian Journal of Physiology – http://www.nrcresearchpress.com/loi/cjap
Canadian Medical Association Journal – http://www.cmaj.ca
Circulation – http://circ.ahajournals.org
Circulation Research – http://circres.ahajournals.org
Diabetes – http://diabetes.diabetesjournals.org
Diabetes Care – http://care.diabetesjournals.org
Esporte e Sociedade – http://www.lazer.eefd.ufrj.br/espsoc/
European Heart Journal – http://eurheartj.oxfordjournals.org/
International Journal of Sports Medicine – http://www.thieme.com/SID2001880466617/journals/pubid926886473.html
International Journal of Sport Nutrition – http://www.humankinetics.com/IJSNEM
JAMA – http://jama.ama-assn.org
Journal of Applied Physiology – http://jap.physiology.org
Journal of the American College of Nutrition – http://www.jacn.org
Muscle and Fitness – http://www.muscle-fitness.com
Pediatric Research – http://www.pedresearch.org
Pediatrics – http://www.pediatrics.org
Periódicos CAPES – http://www.periodicos.capes.gov.br/
Physiological Reviews – http://physrev.physiology.org
Revista Brasileira de Atividade Física e Saúde – http://www.flexibilidade.com.br/
Revista Brasileira de Ciências do Esporte – http://www.rbceonline.org.br/
Revista Brasileira de Ciência e Movimento – http://portalrevistas.ucb.br/index.php/RBCM
Revista Brasileira de Educação Física e Esporte – http://www.revistas.usp.br/rbefe
Revista Brasileira de Medicina do Esporte – http://www.saudeemmovimento.com.br/revista
Revista Esporte e Sociedade – http://www.lazer.eefd.ufrj.br/espsoc/
Revista Motriz (Unesp) – http://www.periodicos.rc.biblioteca.unesp.br/index.php/motriz
Revista Pensar a Prática – http://www.revistas.ufg.br/index.php/fef/index
Sportscience – http://www.sportsci.org
The Journal of Nutrition – http://www.nutrition.org
The Journal of Physiology – http://www.jphysiol.org
The New England Journal of Medicine – http://content.nejm.org
The Physician and Sportsmedicine – http://www.tandfonline.com/toc/ipsm20/current

Bibliotecas e bases de busca

BIREME – http://bvsalud.org/
Centro Esportivo Virtual – http://www.cev.org.br
Dictionary – http://www.dictionary.com
U.S. National Library of Medicine – https://www.nlm.nih.gov/sitemap.html
NUTESES – http://www.nuteses.ufu.br
PubMed – http://www.ncbi.nlm.nih.gov/pubmed
SciELO – http://www.scielo.org
SIBi/USP – http://www.sibi.usp.br/
Biblioteca Digital da Unicamp – http://www.bibliotecadigital.unicamp.br/
Biblioteca Digital de Teses e Dissertações da USP – http://www.teses.usp.br/
Sistema de Bibliotecas e Informação da UFRJ – http://www.sibi.ufrj.br/

Editoras e livrarias

Amazon – http://www.amazon.com / http://www.amazon.com.br
Grupo GEN/Guanabara Koogan/Roca – http://www.grupogen.com.br/saude
Human Kinetics – http://www.humankinetics.com
Manole – http://www.manole.com.br
Phorte – http://www.phorte.com.br
Sprint – http://www.sprint.com.br

Sociedades científicas e entidades

American College of Sports Medicine (ACSM) – http://www.acsm.org
Australian Institute of Sport – http://www.ausport.gov.au/ais
Celafiscs – http://www.celafiscs.org.br
Center for Disease Control and Prevention – http://www.cdc.gov
Colégio Brasileiro de Ciências do Esporte (CBCE) – http://www.cbce.org.br
Conselho Federal de Educação Física (CONFEF) – http://www.confef.org.br
Cooper Institute – http://www.cooperinst.org
Domínio Público – http://www.dominiopublico.gov.br/pesquisa/PesquisaObraForm.jsp
Educação Física, Cultura e Arte – http://omnicorpus.blogspot.com/
European College of Sport Science (ECSS) – http://sport-science.org/
Food and Agriculture Organization of the United Nations (FAO) – http://www.fao.org
Federação de Sociedades de Biologia Experimental (FESBE) – http://www.fesbe.org.br
Federação Internacional de Educação Física (FIEP) – http://www.fiepbrasil.org
Federation of American Societies for Experimental Biology (FASEB) – http://www.faseb.org
Healthy People – http://www.healthypeople.gov
International Council of Sport and Physical Education – http://www.icsspe.org

Lecturas: Educación Física y Deportes, Revista Digital/EFDeportes – http://www.efdeportes.com

Mayo Clinic – http://www.mayoclinic.org

National Center for Health Statistics (NCHS) – http://www.cdc.gov/nchs/index.htm

North American Society for Pediatric Exercise Medicine (NASPEM) – http://www.naspem.org

Observatório de Mídia Esportiva (UFSC) – http://observatoriomidiaesportiva.blogspot.com.br/

Ontario Physical Health Education Association – http://www.ophea.net

Organização Pan-Americana de Saúde (OPAS) da Organização Mundial da Saúde (OMS) – http://www.paho.org/bra/

PhdData/The Universal Index of Doctoral Dissertations in Progress – http://www.phddata.org/

Physical Education & Sports for Everyone – http://www.sports-media.org/

Portal da Educação Física, Esporte e Saúde – http://www.portaleducacao.com.br/

Sociedade Brasileira de Alimentação e Nutrição (SBAN) – http://www.sban.org.br/

Sociedade Brasileira de Cardiologia – http://www.cardiol.br

Society of Health and Physical Educators (SHAPE America) – http://www.shapeamerica.org/

The Gatorade Sports Science Institute – http://www.gssiweb.org

The Gatorade Sports Science Institute Brasil – http://www.gssiweb.org/pt-br/home

The International Federation of Sports Medicine (FIMS) – http://www.fims.org

The National Collegiate Athletic Association (NCAA) – http://www.ncaa.org

Unesco – http://www.unesco.org

Unicef – http://www.unicef.org.br

World Health Organization – http://www.who.int/

Monografia: apresentação

CAPÍTULO III – MONOGRAFIA: APRESENTAÇÃO

3.1 FORMAS DE APRESENTAÇÃO DA MONOGRAFIA

Devem-se seguir algumas **normas** na elaboração da monografia. Neste livro, utilizam-se as normas de apresentação de trabalhos acadêmicos da Associação Brasileira de Normas Técnicas, conforme a NBR 14724 (ABNT, 2011).

3.2 FORMATO

Os textos devem ser apresentados em papel branco, formato A4 (21 cm x 29,7 cm), digitados no anverso (frente) da folha, em cor preta. O projeto gráfico é de responsabilidade do autor do trabalho.

Os elementos pré-textuais (*vide* Capítulo IV) devem iniciar no anverso da folha, com exceção dos dados internacionais de catalogação na publicação (ficha catalográfica), que devem vir no verso da folha de rosto.

Para digitação do trabalho, recomenda-se utilizar as fontes Arial ou Times New Roman 12, para o texto, e 11, para citações longas (com mais de três linhas), notas de rodapé, legendas das ilustrações, tabelas e gráficos.

3.3 MARGEM

As **margens** das folhas devem ser:

- *Para o anverso*: esquerda e superior 3 cm (em razão da encadernação); direita e inferior 2 cm.
- *Para o verso*: direita e superior 3 cm; esquerda e inferior 2 cm.

3.4 ESPACEJAMENTO

Todo o texto deve ser digitado com **espaço** 1,5 entre as linhas, exceto capa, folha de rosto, resumo, citações longas (com mais de três linhas), notas de rodapé, ilustrações legendadas, tabelas, gráficos e referências (entre as linhas de cada uma das referências), que devem ter espacejamento simples. As referências são separadas entre si por dois espaços simples.

Na folha de rosto e na folha de aprovação, o tipo de trabalho, o objetivo, o nome da instituição e a área de concentração devem ser alinhados do meio da mancha gráfica para a margem direita.

Nas monografias, dissertações e teses, os títulos das seções e subseções devem ser separados do texto que os antecede e os sucede por uma entrelinha dupla (dois espaços 1,5). Nos artigos e projetos, são separados por uma entrelinha dupla apenas do texto que os antecede.

3.5 PARÁGRAFO

Recomenda-se iniciar o texto com 2 cm de espaço (**parágrafo**) da margem esquerda, sempre que iniciar a primeira linha de um novo parágrafo.

3.6 INDICATIVOS DOS TÍTULOS (CAPÍTULOS) DA PESQUISA

Nas monografias, os **títulos** sem indicativos numéricos, como dedicatória, agradecimentos, sumário, resumo, listas de ilustrações, capítulos (introdução, revisão, método, resultados e conclusão), referências e anexos, entre outros, são centralizados. Esses títulos sempre iniciam uma nova folha.

Recomenda-se que o espaço entre a borda superior da folha e o título do capítulo seja de três espaços ("pular" três linhas no início da folha antes de escrever o título).

Os títulos dos capítulos devem ser escritos em Arial ou Times New Roman 12, negritados e em letra maiúscula, como se verifica no modelo a seguir:

DEDICATÓRIA

AGRADECIMENTOS

RESUMO

SUMÁRIO

LISTA DE TABELAS

LISTA DE FIGURAS

CAPÍTULO I: INTRODUÇÃO

CAPÍTULO II: REVISÃO DE LITERATURA

CAPÍTULO III: MÉTODO

(somente nas pesquisas diretas)

CAPÍTULO IV: APRESENTAÇÃO E ANÁLISE DOS RESULTADOS

(somente nas pesquisas diretas)

CAPÍTULO V: CONCLUSÃO OU CONSIDERAÇÕES FINAIS

REFERÊNCIAS

Nos artigos, os títulos são digitados em letra maiúscula e negrito, na margem esquerda, com exceção do resumo, que é digitado com alinhamento centralizado. O título do "capítulo" é redigido com espaço de uma linha do texto que o antecede e não se inicia em nova folha. O texto do artigo é formulado em continuidade, por isso, não é necessário começar um novo "capítulo" em folha separada da anterior. Os títulos do artigo são apresentados da seguinte forma:

RESUMO

INTRODUÇÃO

REVISÃO DE LITERATURA

RESUMO

MÉTODO

(somente nas pesquisas diretas)

APRESENTAÇÃO E ANÁLISE DOS RESULTADOS

(somente nas pesquisas diretas)

CONCLUSÃO

REFERÊNCIAS

3.7 INDICATIVO DE SEÇÕES E SUBSEÇÕES DA MONOGRAFIA

Na monografia, no artigo e no projeto, a apresentação das **seções** e **subseções** segue as mesmas regras.

O indicativo numérico de uma seção ou subseção precede o título, no corpo do texto, alinhado à esquerda, separado por espaço de um caractere. Os itens ou subitens são escritos em fonte igual à do texto (Arial ou Times New Roman 12), com os indicativos de seções em letras maiúsculas; os de subseções, somente com a primeira letra em maiúscula e as demais minúsculas e todas em negrito. Se houver subdivisões, os títulos devem ser escritos como o texto da monografia, precedidos da numeração.

Por exemplo: se a primeira seção do capítulo de revisão de literatura da monografia tem como título "Educação Física" e como subseções "Conceito" e "Histórico" e outras subdivisões dentro dessas subseções, tem-se:

CAPÍTULO II – REVISÃO DE LITERATURA
2.1 EDUCAÇÃO FÍSICA
2.1.1 Conceito
2.1.2 Histórico
2.1.2.1 Fase Pré-militar
2.1.2.2 Fase Higienista e Eugenista
2.1.2.3 Fase Esportiva
2.2 MÉTODOS DE ENSINO

3.8 PAGINAÇÃO

Todas as **páginas**, a partir da folha de rosto, devem ser contadas sequencialmente, mas não numeradas. A numeração deve ser inserida a partir da primeira página da parte textual (Capítulo I – Introdução), em algarismos arábicos, no canto superior direito, a 2 cm da borda superior, com o último algarismo da paginação a 2 cm da borda direita da folha.

Nas páginas que iniciam os capítulos, não aparecem os números, apesar de serem contabilizadas no total de páginas do trabalho.

No artigo, a primeira folha é a página 1; entretanto, a numeração é apresentada apenas na segunda página com o número 2.

Se houver apêndice e anexo, suas páginas devem ser numeradas de maneira contínua e a paginação deve dar seguimento à do texto principal.

3.9 NOTAS DE RODAPÉ

As **notas de rodapé** têm as seguintes funções:

- indicar o autor, a obra e a data das citações feitas no corpo do texto, quando o sistema adotado para citações é de notas de rodapé;
- fazer comentários ou considerações complementares que não se enquadram no texto sem quebrar a sequência lógica e sem prejudicar o entendimento;
- esclarecer o leitor, ao remetê-lo a outras partes do trabalho e fontes.

As notas devem ser digitadas dentro das margens, separadas do texto por um espaço simples de entrelinha e por um filete de 5 cm a partir da margem esquerda.

A fonte utilizada para as notas deve ser a mesma do texto, porém com tamanho menor (fonte 11).

A numeração mais comum para as notas é em algarismos arábicos, progressiva e consecutiva durante todo o texto.

3.10 ALINHAMENTO DO TEXTO

O **alinhamento de todo o texto** é o justificado, alinhado tanto da margem esquerda como da direita, com exceção das referências, que são alinhadas apenas à esquerda.

3.11 ENCADERNAÇÃO

Nos trabalhos acadêmicos de graduação e pós-graduação *lato sensu*, não se exige **encadernação** em brochura e capa dura. Se o pesquisador desejar, aconselha-se a capa e a contracapa na cor preta e as letras em dourado.

O mínimo estabelecido na pesquisa acadêmica (monografia) é a encadernação em espiral e com capa de plástico transparente, em razão de a identificação da pesquisa constar na primeira folha do trabalho (capa). Já a contracapa deve ser de plástico preto, precedido de folha em branco, finalizando o relatório do estudo. A encadernação obedece ao tamanho do papel A4 (21 cm x 29,7 cm), forma padrão para os trabalhos acadêmicos.

O artigo não é encadernado, mas entregue apenas com clipes para agrupar as folhas, no canto superior esquerdo. Já o Projeto de Ação é encadernado conforme exemplificado para a monografia.

Estrutura e processo de construção da monografia

CAPÍTULO IV – ESTRUTURA E PROCESSO DE CONSTRUÇÃO DA MONOGRAFIA

4.1 COMPONENTES OBRIGATÓRIOS DA MONOGRAFIA

A **estrutura da monografia** obedece a uma ordenação lógica, podendo ser subdividida em: parte externa e parte interna, como mostra o Quadro 5.

Quadro 5 – Estrutura da monografia

Estrutura	Elementos
Parte externa	Capa (obrigatório) Lombada (opcional)
Parte interna	**Pré-textuais** Folha de rosto (obrigatório) Errata (opcional) Folha de aprovação (obrigatório) Dedicatória (opcional) Agradecimentos (opcional) Epígrafe (opcional) Resumo na língua vernácula (obrigatório) Resumo em língua estrangeira (obrigatório) Sumário (obrigatório) Lista de ilustrações (opcional) Lista de tabelas e quadros (opcional) Lista de abreviaturas (opcional) Lista de símbolos (opcional)
	Textuais Introdução Desenvolvimento Conclusão etc.
	Pós-textuais Referências (obrigatório) Apêndice (opcional) Anexo (opcional) Glossário (opcional) Índices (opcional)

A NBR 14724 (ABNT, 2011) denomina "opcionais" alguns itens que compõem o trabalho científico. Porém, isso não significa que fica a critério do pesquisador incluí-los ou não no relatório final de pesquisa. Existindo quadros ou figuras e havendo entrevistas ou questionários no trabalho acadêmico, é obrigatória a sua apresentação nas listas e apêndices ou anexos.

4.1.1 Parte externa

4.1.1.1 Capa

A **capa** é a **parte externa** do trabalho, elemento obrigatório, para proteção e identificação do estudo. Os componentes da capa são: nome da instituição, nome do autor, título e subtítulo (se houver), local (cidade) no qual está sediada a instituição de ensino superior e o ano da entrega, sempre com espaçamento simples entre linhas, letra maiúscula e negritada.

Padronização da capa: nome da instituição de ensino superior centrado na primeira linha da folha, com fonte Arial ou Times New Roman 12, em letra maiúscula e em negrito. Na linha seguinte, nome do departamento e/ou faculdade (opcional), centrado em relação ao nome da universidade, utilizando o mesmo padrão de letra e negrito.

O título do trabalho deve estar centralizado na página, escrito com fonte Arial ou Times New Roman 12, em letras maiúsculas e negrito, podendo ter caracteres em itálico. O subtítulo (se houver) deve ser colocado na sequência do título e na mesma formatação.

O nome do autor deve ser escrito em Arial ou Times New Roman 12, com alinhamento centralizado seis linhas abaixo do título, em letras maiúsculas e negrito.

O nome da cidade deve estar centralizado na penúltima linha da página, ou seja, a dois espacejamentos da borda inferior, seguindo, na linha de baixo, o ano da entrega do trabalho na última linha da capa, como se observa no modelo.

UNIFMU – CENTRO UNIVERSITÁRIO
FACULDADE DE EDUCAÇÃO FÍSICA

JOGOS E BRINCADEIRAS NO DESENVOLVIMENTO DE VIVÊNCIAS
CORPORAIS DO BASQUETEBOL

ADRIANO JOSÉ ROSSETTO JÚNIOR

SÃO PAULO
2001

Metodologia da Pesquisa em Educação Física

4.1.1.2 Lombada

Trata-se de um elemento opcional. Conforme a NBR 12225 (ABNT, 2004), deve conter:

- nome do autor impresso longitudinalmente e legível do alto para o pé da lombada;
- título do trabalho impresso igualmente ao nome do autor;
- elementos alfanuméricos de identificação, por exemplo, v. 3.

4.1.2 Parte interna

4.1.2.1 Elementos Pré-textuais

Segundo a NBR 14724 (ABNT, 2011), os **elementos pré-textuais** antecedem o texto da pesquisa científica com informações que ajudam na identificação do trabalho.

4.1.2.1.1 Folha de rosto

A **folha de rosto** é elemento obrigatório, contendo os elementos essenciais para a identificação do trabalho acadêmico. A folha de rosto deve vir logo após a capa, mostrando seu anverso. Todo o texto dessa página deve ser redigido com espacejamento entre linhas simples e com fonte em negrito.

O primeiro item é o nome do autor, na primeira linha da folha de rosto, centralizado e digitado em letras maiúsculas e negrito, em Arial ou Times New Roman 12.

O título do trabalho e o subtítulo, se houver, também constam da folha de rosto, escritos como na capa, em letras maiúsculas, negritadas, e centralizados.

A natureza do trabalho (tese, dissertação, monografia, entre outros), o objetivo (aprovação em disciplina, grau pretendido e outros), a instituição de ensino, a área de concentração do estudo e o nome do orientador são redigidos na folha de rosto, em um pequeno texto inserido entre o título da pesquisa e a última linha da página, em Arial ou Times New Roman 12, com espacejamento simples, alinhamento justificado; a margem esquerda do texto encontra-se próxima ao centro da folha A4. Exemplo:

> Monografia apresentada ao Centro de Pós-graduação e Pesquisa da UniFMU CENTRO UNIVERSI-TÁRIO, como requisito parcial para obtenção do título de especialista em Educação Física Escolar, sob orientação do Prof. Dr. Mauro Gomes de Mattos.

No final da folha de rosto, apresenta-se o local (cidade) da instituição em que será apresentado o trabalho e o ano da entrega. A disposição de todos os elementos pode ser observada a seguir:

ADRIANO JOSÉ ROSSETTO JÚNIOR

JOGOS E BRINCADEIRAS NO DESENVOLVIMENTO DE VIVÊNCIAS CORPORAIS DO BASQUETEBOL

> Monografia apresentada ao Centro de Pós-graduação e Pesquisa da UniFMU – CENTRO UNIVERSITÁRIO, como requisito parcial para a obtenção do título de Especialista em Educação Física Escolar, sob a orientação do Prof. Dr. Mauro Gomes de Mattos.

SÃO PAULO
2001

Verso

Deve conter os dados de catalogação na publicação, conforme o Código de Catalogação Anglo-Americano vigente.

4.1.2.1.2 Errata

Elemento opcional constituído pela referência e pelo texto da errata, exemplo:

Errata			
Folha 43	Linha 8	Onde se lê educaçso	Leia-se educação

4.1.2.1.3 Folha de aprovação

Constituída pelo nome do autor, título e subtítulo (se houver), instituição de ensino superior, área de concentração e linhas para inserção dos nomes e assinaturas dos examinadores, suas instituições e data de aprovação.

4.1.2.1.4 Dedicatória

Elemento opcional. Nele, o autor do trabalho presta uma homenagem ou dedica seu trabalho a alguém que o auxiliou de alguma forma no desenvolvimento pessoal e/ou profissional, por exemplo, pais, esposa, filhos etc. Não deve constar a palavra "**DEDICATÓRIA**" na folha. A forma de apresentar o texto da dedicatória é de responsabilidade do autor, redigindo com liberdade e utilizando livremente fontes e diagramação.

4.1.2.1.5 Agradecimentos

Também opcionais, os **agradecimentos** são dirigidos às pessoas ou instituições que contribuíram para a elaboração do trabalho.

Muitos alunos perguntam sobre a necessidade de fazer agradecimentos no trabalho. Como ninguém consegue realizar sozinho um trabalho desse porte, pessoas envolvidas merecem ser lembradas.

O termo "**AGRADECIMENTOS**" deve aparecer em letras maiúsculas, em negrito e centralizado. A forma de apresentação dos agradecimentos fica a critério do autor.

4.1.2.1.6 Epígrafe

Elemento opcional, é a citação de frase relacionada com o tema, com a indicação da autoria. A diagramação é de responsabilidade do autor.

4.1.2.1.7 Resumo na língua vernácula

Segundo a NBR 14724 (ABNT, 2011), o **resumo**, elemento obrigatório da monografia, é a apresentação concisa dos pontos relevantes da pesquisa, uma visão rápida do conteúdo e conclusões do trabalho. Sua finalidade é demonstrar ao leitor a ideia completa da pesquisa, apresentando todas as informações e contribuições, justificando e motivando a leitura.

Os elementos obrigatórios do resumo de uma pesquisa de campo ou laboratorial são:

- natureza da pesquisa;
- objeto de estudo;
- objetivos do trabalho;
- principais referências teóricas;
- procedimentos metodológicos;
- resultados;
- conclusão ou considerações finais.

Em ambos os tipos de pesquisa, o resumo deve ser escrito em parágrafo único, com no máximo 500 palavras, digitado com espaçamento simples entre as linhas. Recomenda-se utilizar um número menor de palavras do que o máximo proposto pela NBR 14724 (ABNT, 2011), pois 200 a 300 palavras são suficientes para a síntese da monografia, a fim de não estender a argumentação, abordando aspectos pertinentes à parte textual. Congressos, simpósios e seminários geralmente exigem resumos de 200 a 300 palavras. Praticar a síntese é uma boa experiência para as participações em eventos científicos.

Para se formular o resumo de uma pesquisa direta em no máximo 500 palavras, primeiramente, apresenta-se uma introdução ao tema estudado, indicando os objetos de estudo analisados e a natureza da pesquisa realizada. Posteriormente, relatam-se as principais fontes teóricas que subsidiaram a composição da revisão de literatura, procurando expor as principais ideias dos autores. Depois, apresentam-se os objetivos da pesquisa. Na sequência, descreve-se o método de estudo, expondo a amostra, os instrumentos utilizados na coleta de dados e os procedimentos empregados. Os itens subsequentes são os resultados registrados na pesquisa, que permitem finalizar o resumo com a redação da síntese da conclusão.

No final do resumo, são descritas as palavras-chave do trabalho, ou descritores, que são termos representativos da pesquisa. Nas monografias, são apresentadas três palavras-chave e, nas dissertações e teses, cinco.

Segue um exemplo de resumo de uma pesquisa direta de campo ou laboratorial:

Metodologia da Pesquisa em Educação Física

RESUMO

Esta pesquisa de campo [...] (natureza da pesquisa) enfocou os seguintes aspectos: [...] (apresentar os assuntos que abordou e os objetos de estudo). Baseando-se nos estudos de [...] (relatar os principais referenciais teóricos, que balizaram a pesquisa). Assim, o presente estudo teve como objetivo diagnosticar a relação entre [...] (descrever os objetivos). A amostra da pesquisa foi composta por [...]; para levantamento dos dados, foram utilizados um questionário e o teste de VO_2máx em esteira rolante (procedimentos metodológicos). As diferenças dos resultados do pré-teste para o pós-teste foram de [...] (resultados). Dessa forma, conclui-se, nesta investigação, que [...] (síntese da conclusão).
PALAVRAS-CHAVE: (...)

Eis aqui um exemplo, agora completo, de resumo de uma pesquisa de campo intitulada *Considerações sobre a composição corporal relacionada à saúde do aluno terceiro-anista do ensino médio* (ROSSETTO JÚNIOR; ARDIGÓ JÚNIOR, 2004):

Estrutura e processo de construção da monografia

RESUMO

(Introdução: objetos de estudo) A prática de atividade física regular, na melhora da qualidade de vida, vem despertando enorme atenção no mundo, principalmente quanto à complexa relação dos níveis de prática da atividade física, dos índices da composição corporal e da chamada aptidão física com o estado de saúde das pessoas. O aluno terceiro-anista do ensino médio, em especial, passa por uma mudança nas suas atividades do cotidiano, a proximidade do vestibular faz que dedique um período do dia para o estudo regular e o tempo restante para "cursinhos pré-vestibulares". (Principais referências teóricas) Assim, de acordo com Guedes e Guedes (1989) e Plates (1999), diminui consideravelmente a sua atividade física, altera seus hábitos alimentares, reduz sua jornada de sono, tornando-se mais estressado. Dessa forma (Natureza da pesquisa), esta pesquisa de campo levanta um questionamento: estariam os alunos do ensino médio prejudicando sua saúde, e, às vezes, até mesmo dificultando seu ingresso na universidade? (Objetivo) O estudo verificou o índice de composição corporal e o nível de aptidão física para diagnosticar a saúde dos alunos do ensino médio. (Método: amostra e procedimentos) Foram avaliadas, em um estudo longitudinal, as composições corporais de 360 alunos, de ambos os sexos, do Colégio Magno, durante o transcorrer do ensino médio (3 anos), comparando os resultados obtidos aos 14 ou 15 anos com os constatados aos 17 ou 18 anos, pelos alunos que frequentaram regularmente as aulas de Educação Física do Ensino Médio. (Instrumentos) A composição corporal foi medida pelo teste de bioimpedância, conforme normas padronizadas pelo Body CompI – versão 1.5. (Resultados) Constata-se que em todas as faixas etárias as meninas têm, em média, peso gordo e percentual de gordura maior que os meninos (nível de significância de 99,5%, apontado pelo *t* de *student*). Na 1ª série, as alunas apresentam, em média, 22,3% e os meninos, 12,4% de percentual de gordura. Os dados recolhidos na 3ª série do ensino médio, quando os alunos estão entre os 17 e 18 anos, indicam que ambos os sexos apresentam um aumento do percentual de gordura (meninas 26,4% e meninos 17,3%), e os meninos, no último ano, tendem a se aproximar das meninas com relação ao peso gordo (12,0 kg meninos, 14,6 kg meninas), o que demonstra aumento do acúmulo de massa gorda, principalmente nos meninos. (Conclusões ou Considerações Finais) Conclui-se que, em virtude das modificações nas atividades físicas do terceiro-anista, ocorre diminuição da aptidão física dos discentes durante o curso do ensino médio, acarretando a alteração da composição corporal, que, somada ao estresse da concorrência às universidades, influencia no estado geral de saúde destes alunos, o que tende a prejudicar a *performance* no vestibular.

PALAVRAS-CHAVE: Ensino médio. Aptidão física. Atividade física.

Metodologia da Pesquisa em Educação Física

A seguir, mais um exemplo de resumo de pesquisa de campo cujo título é *O esporte educacional na formação de valores humanos* (ROSSETTO JÚNIOR; CIRIACO, 2007).

RESUMO

No cotidiano social, ocorrem inúmeros atos de violência, agressões, desrespeito, originados de conflitos entre as pessoas e a educação deve preocupar-se em formar valores humanos. Com base nos estudos sobre esporte educacional e formação de valores humanos de Bracht (1986), Broto (2000), Craxie e Craxi (1995), Mesquita (2003) e Migliori et al. (1998), analisa-se a interveniência do Esporte Educacional na formação de valores humanos e comparam-se os valores internalizados e relatados por 85 alunos, de 9 e 10 anos, matriculados em escola pública do Município de São Paulo, pertencentes a um grupo experimental de esporte educacional (22 alunos), com os alunos que não vivenciam o esporte (grupo controle). Utilizou-se um questionário misto, que propôs a questão para identificar os valores humanos: "O que é preciso para ser campeão dentro e fora da quadra?". Os resultados demonstram que 63,64% dos alunos do grupo experimental relacionam a resposta ao aspecto socioafetivo, 36,36% ao psicomotor e não houve indicação do aspecto cognitivo. Já dos alunos do grupo controle, 58,73% apontam o aspecto socioafetivo, 33,33%, o psicomotor, e 7,94%, o cognitivo. A maioria dos alunos relata que, para serem bem-sucedidos, é preciso adotar ação correta, paz, amor, não violência e verdade. Entretanto, consegue-se identificar pequena superioridade de apontamentos aos aspectos socioafetivos dos alunos que frequentam o Projeto Rexona/Ades de vôlei, comparados aos outros alunos. Assim, entende-se que o esporte educacional pode interferir na formação de valores humanos, apesar de não termos como comprová-lo, em razão de as crianças conviverem em diversos ambientes sociais e da complexidade das interações sociais vivenciadas.
PALAVRAS-CHAVE: Esporte educacional. Valores humanos. Socioeducativo.

Há, como elementos obrigatórios do resumo, no caso de uma pesquisa bibliográfica indireta:

- natureza da pesquisa;
- objeto de estudo;
- objetivo do trabalho;
- principais referências teóricas;
- conclusões ou considerações finais.

No resumo de pesquisas indiretas, apresenta-se uma introdução ao tema estudado, indicando os objetos de estudo, a natureza da pesquisa realizada e os objetivos da pesquisa. Posteriormente, relatam-se as principais fontes teóricas que subsidiaram a composição da revisão de literatura, expondo as principais premissas dos autores que levaram à redação (síntese) da conclusão, como mostra o seguinte exemplo:

RESUMO

Esta pesquisa bibliográfica [...] (natureza da pesquisa) aborda a relação [...] (apresentar os assuntos que abordou e os objetos de estudo). Tendo como objetivo identificar e classificar as [...] (descrever os objetivos). Baseando-se nos estudos de [...] (relatar os principais referenciais teóricos que balizaram a pesquisa). Conclui-se que [...] (síntese da conclusão ou considerações finais).

Segue um exemplo de resumo de pesquisa indireta bibliográfica cujo título é *A prática da abordagem cultural da Educação Física na superação do sexismo* (SANTOS, OLIVEIRA; MOURA, 2006):

RESUMO

(Introdução: objetos de estudo) As relações dos meninos e das meninas nas aulas de Educação Física ainda hoje são permeadas por representações sexistas que criam estereótipos relacionados ao gênero, promovendo desigualdades no espaço escolar. (Natureza da pesquisa) Esta pesquisa bibliográfica aborda o conhecimento do conceito de gênero; as causas e representações do sexismo existentes nas relações sociais entre meninos e meninas, especificamente nas aulas de Educação Física e como estas a reproduzem; a abordagem cultural; a organização de um currículo sociocultural e as intervenções pedagógicas necessárias em prol de uma Educação Física reflexiva e participativa, que possa contextualizar as relações de gênero nas aulas. (Objetivo) O objetivo é identificar as contribuições da abordagem cultural na superação do sexismo (Principais referências teóricas), baseando-se principalmente nos estudos de Souza e Altmann (1999), Louro (1997), Kunz (2003), Moreira e Silva (2005) e Neira e Nunes (2006). (Considerações Finais ou Conclusões) Infere-se que a abordagem cultural, pautada nos referenciais da pedagogia crítica e pós-crítica, pode contribuir para uma relação dialética entre os alunos na construção e ressignificação da cultura corporal de movimento, utilizando intervenções pedagógicas que estimulem discussões e problematizações a respeito das diferenças entre meninos e meninas, e que transformem a prática escolar em espaço de luta, a fim de gerar igualdade de oportunidades nas relações, pela superação de mitos culturais.
PALAVRAS-CHAVE: Abordagem cultural. Educação Física Escolar. Sexismo.

Alguns simpósios, congressos e seminários costumam determinar em torno de 150 a 300 palavras para inscrição de trabalhos acadêmicos nos eventos científicos, obrigando o pesquisador a ser mais sucinto na elaboração do resumo. Nesses casos, a alternativa é descrever diretamente os itens obrigatórios do resumo, reduzindo a introdução e suprimindo a síntese das fontes teóricas, como se observa no resumo (com 147 palavras) do artigo *Jogos na aprendizagem das habilidades do basquetebol* (ROSSETTO JÚNIOR, 2007).

RESUMO

No jogo esportivo, não há unanimidade sobre o método para introdução/iniciação. Atualmente, nota-se desinteresse pela prática do basquetebol nas escolas, o que leva a questionar os métodos aplicados no processo ensino-aprendizagem. Em contrapartida, investe-se em propostas de ensino com características lúdicas, pela relevância dos jogos no desenvolvimento das crianças. Assim, a pesquisa de campo procura verificar se vivenciar jogos e brincadeiras favorece o desenvolvimento dos fundamentos do basquetebol pela transferência de aprendizagem. Realizaram-se pré-testes de desempenho dos fundamentos com 22 alunos de ambos os sexos, com idades de 7 e 8 anos. Após 8 meses de práticas de jogos, com 2 aulas semanais, foi feita uma reavaliação no pós-teste. A análise das médias dos resultados e porcentagens obtidas pela diferença entre pré e pós-teste aponta melhora na *performance* dos fundamentos avaliados e conclui-se que há transferência de aprendizagem das habilidades fundamentais das atividades lúdicas para as habilidades esportivas.

PALAVRAS-CHAVE: Jogos. Transferência de aprendizagem. Habilidades do basquetebol.

4.1.2.1.8 Resumo em língua estrangeira

Elemento obrigatório, que consiste na digitação de todo o **resumo** da pesquisa em folha separada, em **inglês** (*abstract*), **espanhol** (*resumen*) ou **francês** (*résumé*).

4.1.2.1.9 Listas

As **listas** de ilustrações, tabelas, quadros, símbolos, siglas, abreviaturas etc. aparecem logo após o sumário, em páginas próprias, na ordem em que aparecem no trabalho, ou seja, na sequência numérica destinada a elas quando da composição do texto. São elementos obrigatórios quando utilizados para ilustrar ou explicitar parte do texto. Dessa forma, no caso do trabalho apresentar qualquer um desses itens, torna-se necessária a confecção de lista, mesmo quando tiver apenas um gráfico ou tabela em todo o texto.

Recomendam-se listas separadas para ilustrações, tabelas, quadros etc.

Lista de ilustrações

Na sequência, um exemplo de lista de figuras:

LISTA DE FIGURAS

Figura 1: Perspectiva da área e infraestrutura esportiva disponível 23

Figura 2: Fotos de praticantes de esportes de aventura em ação 29

Figura 3: Festa de confraternização da etapa de esportes de aventura 36

Listas de tabelas e quadros

As listas de tabelas e quadros devem ser elaboradas de acordo com a ordem em que aparecem no texto, incluindo número, título e página, conforme se observa no exemplo:

LISTA DE TABELAS

Tabela 1: Produção discente sobre jogos na educação − 1981 a 1998 88

Tabela 2: Distribuição regional das pesquisas discentes − 1981 a 1998 90

Tabela 3: Distribuição estadual das pesquisas discentes − 1981 a 1998 91

Tabela 4: Distribuição anual das dissertações e teses − 1981 a 1998 93

Tabela 5: Distribuição por nível das pesquisas discentes − 1981 a 1998 97

LISTA DE QUADROS

Quadro 1: Tema das produções 180

Quadro 2: Referenciais teóricos utilizados pelos pesquisadores 184

Quadro 3: Métodos de pesquisas 192

Quadro 4: Técnicas e instrumentos da coleta de dados 231

Quadro 5: Fontes para coleta de dados 234

Lista de abreviaturas e siglas

Elemento opcional, consiste na relação alfabética das abreviaturas e siglas utilizadas no texto, seguidas das palavras ou expressões correspondentes grafadas por extenso.

Segundo Bastos et al. (1996), não se deve abusar do uso de abreviaturas e siglas em monografias e trabalhos acadêmicos, o que, muitas vezes, torna difícil a compreensão do texto. Na primeira vez em que aparecem no texto, devem vir precedidas do nome completo que representam; depois, podem ser usadas apenas as abreviaturas ou siglas.

Exemplo:

A Universidade de São Paulo (USP) pode ser considerada a maior universidade da cidade de São Paulo. Algumas faculdades da USP, entretanto, não estão instaladas dentro da Cidade Universitária, como é o caso da Faculdade de Direito, localizada no Largo São Francisco.

LISTA DE SIGLAS

ANPEd	Associação Nacional de Pós-Graduação em Educação	7
IESAE	Instituto de Estudos Avançados em Educação	20
PUC/RJ	Pontifícia Universidade Católica – Rio de Janeiro	25
PUC/RS	Pontifícia Universidade Católica – Rio Grande do Sul	33
USP	Universidade de São Paulo	78

Nota: as listas de ilustrações, tabelas, quadros, siglas (abreviaturas) e símbolos devem ser inseridas após o sumário, com numeração, título e página, de acordo com a ordem em que aparecem no texto.

4.1.2.1.10 Sumário

Elemento obrigatório dos trabalhos acadêmicos, consiste na numeração das principais divisões, seções, capítulos e outras partes da pesquisa, na mesma grafia e ordem em que aparecem no trabalho, acompanhando os números e páginas, com margem única para os itens (resumo, capítulo I, capítulo II, capítulo III, listas, referências), e margem diferenciada para as seções e as subseções.

No **sumário** constam os itens: resumo, listas (se houver), capítulo I – introdução, capítulo II – revisão de literatura, capítulo III – metodologia (nos casos de pesquisa de campo), capítulo IV – apresentação e análise dos resultados (somente nas pesquisas de campo), capítulo V – conclusão (para as pesquisas de campo) ou capítulo III – conclusão (nas pesquisas bibliográficas), referências, apêndice e anexo, como mostra o modelo:

SUMÁRIO

RESUMO 3

LISTA DE QUADROS 4

LISTA DE TABELAS 5

CAPÍTULO I – INTRODUÇÃO 7

1.1 DEFINIÇÃO DO PROBLEMA 7

1.2 OBJETIVOS 8

1.3 QUESTÕES QUE ORIENTAM O ESTUDO 8

1.4 JUSTIFICATIVA 9

CAPÍTULO II – REVISÃO DE LITERATURA 10

2.1 JOGOS E BRINCADEIRAS 10

   2.1.1 Tipos de jogos segundo uma abordagem psicológica 15

   2.1.2 Jogos na educação infantil 20

2.2 CARACTERÍSTICAS DA FAIXA ETÁRIA DE 0 A 3 ANOS 31

   2.2.1 Características físicas e fisiológicas 31

   2.2.2 Características cognitivas 35

   2.2.3 Características socioafetivas 38

2.3 DESENVOLVIMENTO SOCIOAFETIVO 38

   2.3.1 Desenvolvimento socioafetivo de 0 a 3 anos 42

   2.3.2 Contribuição dos jogos e brincadeiras no desenvolvimento socioafetivo de crianças de 0 a 3 anos 47

CAPÍTULO III – CONCLUSÃO 52

REFERÊNCIAS 54

APÊNDICE 56

ANEXO 57

4.1.2.2 Elementos Textuais

Os **elementos textuais** são também chamados de texto do trabalho e compreendem três partes definidas: introdução, desenvolvimento e conclusão.

4.1.2.2.1 Introdução

Segundo a NBR 14724 (ABNT, 2011), a **introdução** é a parte inicial do trabalho, na qual o pesquisador expõe o assunto, e na qual devem constar antecedentes e tendências sobre o tema, delimitação e definição do problema estudado, objetivos, desdobramento da questão central que origina as questões que orientam o estudo, justificativas do trabalho e, se necessário, definição de termos.

Inicia-se relatando os antecedentes do problema, as tendências atuais sobre o tema, e citam-se os estudos dos principais autores que abordaram e realizaram considerações a respeito do assunto, procurando apontar as preocupações sociais e os pontos de debate. Devem ser citados os aspectos específicos e os propósitos de estudo com rigor científico.

Dessa forma, apresenta-se a área temática do estudo, delimitando a pesquisa, seus objetivos e os autores que contribuem para o estudo do tema. Isso tende a dar maior credibilidade e veracidade ao estudo, pois demonstra uma preocupação profissional e científica, e não apenas pessoal.

Posteriormente, deve-se definir claramente o problema de pesquisa, ou seja, qual é a questão básica ou central do estudo, o ponto de partida para iniciar a pesquisa, que possibilita examinar, analisar, contestar e comparar com as obras e os documentos, com a realidade e as práticas sociais que se relacionam à questão, na tentativa de resolver o problema central do estudo.

Aborda-se o assunto de maneira geral, procurando problematizar os antecedentes e as tendências do momento, levantando e indicando necessidades sentidas pela área profissional e pela sociedade em geral, finalizando a delimitação e a definição do problema de pesquisa com a apresentação da questão básica que se pretende solucionar.

Exemplo de parte de antecedentes do problema, como mostra Rossetto Júnior (2007):

Exemplo 1:

CAPÍTULO I – INTRODUÇÃO

Durante muito tempo e até os dias atuais, a metodologia para o ensino dos esportes limitou-se a considerar a justaposição das partes: condição física, mais técnica e mais força (BENDA; GRECCO, 1998). Dessa forma, o processo de ensino e aprendizagem analítico é formatado em uma sequência pedagógica e somente após aquisição de habilidades e técnicas possibilita-se o jogo. O aprendizado torna-se, assim, repetitivo, monótono e desestimulante, em razão do rigor na execução dos fundamentos, em especial para crianças.

Observa-se nas literaturas de ensino dos esportes a perspectiva de autores pedagogos, como Garganta (1995), Graça e Oliveira (1997), Mattos e Neira (1999) e Souza (1999), de que somente se pode aprender um jogo jogando, com as experiências do próprio jogo. Autores técnicos, como Comas (1991), Daiuto (1971), De Rose e Ferreira (1984) e Stocker (1973), entendem que, após a prática das técnicas, com relativa eficiência, seria possível dedicar-se ao jogo propriamente dito. Já Albert e Rotenberg (1984), Benda e Greco (1998), Bercowits (1996) e Kasler (1983) propõem antepor pequenos jogos e jogos esportivos em uma sequência, com a combinação de série de exercícios para a condução do desenvolvimento ascendente das habilidades.

O jogo tem se tornado objeto de estudo por diversos prismas, dando lugar a uma gama variada de pesquisas e projeções. As recentes investigações nas áreas de Educação e Psicologia têm ressaltado a relevância dos jogos e brincadeiras infantis em diferentes campos de aprendizagem, Matemática, Física, Línguas etc. Com base em Leontiev, Piaget, Vygotsky, Wallon e outros, pesquisadores de diversas partes do mundo investem em novas propostas de ensino com características lúdicas.

Os jogos sempre constituíram uma forma de atividade do ser humano, tanto no sentido de recrear como no de educar. Almeida (1984) relata que, entre os egípcios, gregos, romanos, maias e mesmo indígenas, os jogos já serviam como meio para a geração adulta transmitir aos mais jovens seus conhecimentos.

Nesse sentido, existem propostas de valorização do lúdico, como a de Piaget (apud MACEDO, 1994, p. 138): "[...] daí decorre a importância, em uma perspectiva cognitiva, de se trabalhar a criança em contextos concretos, por exemplo, utilizando jogos de regras, situações-problema, circunstâncias da realidade vivida, etc.".

A Educação Física, que há muito inclui a disciplina Recreação em seu currículo, tem repensado o trabalho com jogo e brincadeira. O brincar não pode ser visto apenas como uma ocupação do tempo da criança, mas é fundamental no âmbito da motricidade, da inteligência, das emoções e das relações sociais e afetivas.

Exemplo 2:

CAPÍTULO I – INTRODUÇÃO

Para Maturana e Rezepka (1995), a função da educação escolar atual é a formação humana, com a socialização dos alunos (internalização e respeito pelas diferentes formas de organização social) e a capacitação, pela apropriação dos diferentes conhecimentos que se acreditam úteis para viver na sociedade. Desse modo, a tarefa educacional está tanto na formação como na informação.

A respeito de como a educação deve proceder no intuito de alcançar seus objetivos, Zabala (1998) entende que o aluno deve ter oportunidade de se desenvolver plenamente, uma vez que a escola não deve privilegiar certos tipos de informações ou aspectos do comportamento humano em detrimento da formação do indivíduo. Todas as áreas do conhecimento devem caminhar juntas para as metas educacionais: o bem-estar do educando e a formação do cidadão. Entretanto, de acordo com Zabala (1998, p. 28), "o papel atribuído ao ensino tem priorizado as capacidades cognitivas, mas nem todas, e sim aquelas que se têm considerado mais relevantes e que, como sabemos, correspondem à aprendizagem das disciplinas ou matérias tradicionais".

A escola fragmenta o ser humano sem perceber que isso não é possível, pois como afirma Zabala (1998, p. 28), "educar quer dizer formar cidadãos, que não estão parcelados em compartimentos estanques, em capacidades isoladas". As disciplinas de sala de aula privilegiam apenas os aspectos cognitivos, e a Educação Física, os motores. Porém, como relatam Mattos e Neira (1998, p. 16), "o corpo, tão privilegiado nas aulas de movimento, é o mesmo que incomoda as aulas de raciocínio".

Dessa forma, por que não estruturar a educação do homem de forma integral (natural) em vez de separar (culturalmente)?

A Educação Física Escolar, há muito tempo sem identidade própria e em busca de rumos, encontra-se em crise na tentativa de se fundamentar (BRACHT, 1997). Para Santin (1989, p. 25), "falar de Educação Física Escolar como uma atividade educativa implica defender a ideia da totalidade do ser humano. Não apenas como uma totalidade individual, mas como uma totalidade social [...]".

A Educação Física Escolar deve identificar-se com uma prática pedagógica que se sustente em objetivos e conteúdos que possibilitem aos alunos a compreensão de si mesmos e da sociedade a que pertencem, o que remete à discussão dos objetivos, conteúdos e práticas pedagógicas que a escola e, especificamente, a Educação Física devem buscar, para serem coerentes com os fins educacionais.

> Desde a década de 1980, ocorrem debates e propostas de Educação Física no sentido de alcançar a formação e a informação dos alunos. A nova tendência de Educação Física, diferentemente das anteriores, caracteriza-se por estudar os estímulos e as influências do meio físico e social sobre o desenvolvimento do ser humano. Essa tendência sociocultural entende o aluno como um ser historicamente situado, dono de um saber significativo à sua vida em sociedade, com capacidade crítica para situar-se no mundo, para opor-se às condições preestabelecidas, modificá-las e transformá-las (GALLARDO, 1998).
>
> As aulas de Educação Física, durante tanto tempo vistas como responsáveis apenas pelo desenvolvimento dos aspectos motores, buscam adequar-se a este conceito de educação integral e crítica, sendo responsável pelo desenvolvimento global das crianças e dos adolescentes. Como já descrevia Freire (1989), o intuito é possibilitar uma educação de corpo inteiro.

Portanto, configura-se como problema de pesquisa: a pergunta central do estudo, a dúvida que será sanada na conclusão do estudo.

Após abordar a questão de maneira geral, conclui-se a apresentação do cenário que levou à formulação do problema de pesquisa da seguinte forma:

Exemplo 1:

Assim, este estudo tem como problema: há relação entre a prática de jogos da cultura infantil e a aprendizagem de habilidades esportivas, em razão da transferência de aprendizagem?

Exemplo 2:

Configura-se como problema de pesquisa: quais os objetivos e conteúdos da proposta sociocultural da Educação Física que promovem a formação integral do ser humano?

Exemplo 3:

Com base no exposto, levanta-se como questão central do estudo: quais as implicações dos jogos e brincadeiras no desenvolvimento socioafetivo de crianças de 0 a 3 anos na educação infantil?

O próximo passo é explicitar os objetos de estudo da pesquisa, definindo do que a pesquisa trata, o que estuda, descreve e analisa. Inicia-se a busca de material bibliográfico referente aos assuntos e problemas abordados.

Para demonstrar os objetos de estudo, deve-se desdobrar a questão básica em novas perguntas, definindo os itens da revisão de literatura e referências teóricas para esclarecer essas questões. Essas perguntas desdobradas do problema configuram-se nas questões que orientam o estudo.

Pelo somatório das respostas a essas perguntas, que se originaram do problema central, soluciona-se o problema de pesquisa nas pesquisas bibliográficas.

No caso do Exemplo 3 de problema apresentado anteriormente (quais as implicações dos jogos e brincadeiras no desenvolvimento socioafetivo de crianças de 0 a 3 anos na educação infantil?), como desdobrar o problema nas questões que orientam o estudo?

Para resolver a questão básica do estudo, torna-se necessário responder às indagações:

O que são jogos e brincadeiras?

Quais os jogos praticados na educação infantil?

Quais os tipos de jogos realizados pela faixa etária, segundo uma abordagem psicológica?

Quais as funções dos jogos para as crianças?

Quais as características da faixa etária de 0 a 3 anos de idade? O que é desenvolvimento infantil?

Como se define o aspecto socioafetivo do desenvolvimento humano?

Que comportamentos do domínio socioafetivo apresentam as crianças de 0 a 3 anos de idade?

Quais os fatores que interferem no desenvolvimento socioafetivo das crianças? Quais as relações entre jogos e brincadeiras e o desenvolvimento socioafetivo de crianças de 0 a 3 anos de idade?

Após definir o problema e os objetos de estudo da pesquisa, torna-se necessário explicitar o que se pretende fazer na execução da pesquisa.

É o momento de escrever os objetivos do estudo, ou seja, definir com precisão para o que se realiza o trabalho. Esse elemento vincula-se diretamente à própria significação da tese proposta pelo pesquisador e à colocação de propósitos diretamente relacionados com o problema de pesquisa. Em pesquisas acadêmicas, utilizam-se os verbos "verificar", "observar", "identificar", "evidenciar", "analisar", "comparar", "descrever", "examinar", "diagnosticar", "exaltar", "comprovar", "classificar", "mapear", "demonstrar", entre outros.

Observe, a seguir, exemplos de como redigir objetivos com base nos mesmos problemas descritos anteriormente:

Exemplo 1:

Analisar e comprovar se as vivências de jogos e brincadeiras favorecem a aprendizagem dos fundamentos do basquetebol, com o intuito de diagnosticar metodologias que vão ao encontro das atuais necessidades e interesses das crianças e que tenham real significado para elas.

Exemplo 2:

Mapear os objetivos da Educação Física Escolar propostos pela tendência sociocultural, e identificar e classificar os conteúdos da Educação Física Escolar que proporcionam a formação global das crianças e dos adolescentes.

Exemplo 3:

Este estudo tem como objetivo identificar as consequências das aulas de Educação Física no desenvolvimento socioafetivo de crianças de 0 a 3 anos, bem como evidenciar a importância da Educação Física na educação infantil.

Os objetivos podem ser vários ou apenas um, porém é necessário que todos sejam atingidos. O pesquisador deve ter critérios para definir os objetivos, os quais contribuem para determinar o tipo e os métodos de pesquisa. No caso de estabelecer objetivos, como comprovar, medir e comparar, provavelmente o aluno/pesquisador obriga-se à realização de pesquisa de campo ou laboratorial e ao emprego dos métodos e procedimentos correspondentes.

Depois dos objetivos, inicia-se a justificativa. Nessa parte da introdução, fala-se sobre a contribuição e relevância da pesquisa, enfatizando a importância do tema no âmbito profissional, acadêmico, social e comunitário. É o item que contribui mais diretamente para a aceitação da pesquisa.

Devem ser inferidas as possíveis modificações no âmbito da realidade social e profissional para as quais a pesquisa pode contribuir de maneira prática e teórica. Examine, na sequência, os exemplos de justificativa em relação aos problemas-modelo. Esse é apenas um exemplo, ainda incompleto. Tendo maior conhecimento acerca do tema, pode-se escrever sobre a relevância da solução do problema de investigação com mais propriedade. Não é preciso concluir a introdução. Muitos pesquisadores preferem terminar de escrever a introdução no final do trabalho, mas isso fica a critério de cada um.

Exemplo 1:

A relevância do estudo está em demonstrar a viabilidade do desenvolvimento motor por meio dos jogos, em razão de ser o jogo indispensável à saúde física, emocional e intelectual da criança, contribuindo também para o equilíbrio do adulto. Assim, a Unesco (1979, p. 5) considera o jogo "a razão de ser da infância, de importância vital e condicionadora do desenvolvimento harmonioso do corpo, da inteligência e da afetividade" (MELLO, 1989, p. 63).

Exemplo 2:

A importância deste estudo está em demonstrar os aspectos conceituais, atitudinais e procedimentais dos conteúdos da Educação Física Escolar. Segundo Zabala (1999), os conteúdos desenvolvidos na educação devem abordar as dimensões conceituais, procedimentais e atitudinais quando da intenção de formar o homem integral. Assim, a Educação Física Escolar como componente curricular essencial na formação do cidadão moderno justifica sua inclusão e valorização no currículo do ensino básico.

Demonstra-se o valor social e educacional da Educação Física Escolar ao declarar a necessidade de relacionar as dimensões dos conteúdos da Educação Física, para não fragmentar o ensino, favorecendo a participação efetiva dos alunos, com aulas significativas, relevantes à formação humana, que promovam e ampliem as manifestações de expressão e movimento, proporcionando a incorporação de um conjunto de conhecimentos social e culturalmente elaborados, se reconhecidos como necessários ao exercício da cidadania.

Exemplo 3:

Acredita-se que esta pesquisa contribuirá de maneira significativa para que profissionais da área compreendam melhor as questões relacionadas ao desenvolvimento socioafetivo de crianças na fase inicial de escolarização, as funções dos jogos para as crianças, pois elas necessitam das relações afetivas com o professor e com os colegas para aprender a conviver em grupo, respeitando o outro e as regras sociais, aspectos que as atividades lúdicas favorecem.

A relevância do estudo está em evidenciar que os jogos infantis não são meros passatempos, mas, sim, uma forma de as crianças interagirem como meio e se desenvolverem de forma global. Assim, devem ser respeitados, pelos adultos, o espaço e o tempo de as crianças brincarem, o que não ocorre em nossa sociedade, com a diminuição das áreas de lazer e parques públicos infantis, que perdem espaços para a especulação imobiliária e a violência social, restando, aos mais pobres, apenas a escola de educação infantil para seus jogos e brincadeiras.

Nas pesquisas diretas (de campo e laboratorial), é obrigatório acrescentar mais um elemento: hipótese. Depois de enunciar os objetivos da pesquisa, relatam-se as hipóteses do estudo, pois, segundo Severino (2003), as pesquisas científicas constroem uma tese, visando à solução do problema.

As hipóteses consistem em supor provável e provisória resposta ou explicação ao problema de pesquisa, a ser comprovada ou negada pelos fatos investigados. Como afirmam Cervo e Bervian (2002, p. 29), "a hipótese é a suposição de uma causa ou lei destinada a explicar provisoriamente um fenômeno até que os fatos venham contradizer ou afirmar".

As hipóteses orientam o pesquisador na procura das causas ou leis dos fenômenos, aglutinando e completando os resultados já conhecidos, para facilitar a sua compreensão e prosseguir com a pesquisa.

A formulação das hipóteses geralmente é fruto do aprofundamento do estudo, reflexões, analogias e raciocínio sobre o quadro teórico abordado. Assim, as hipóteses somente são relatadas nas pesquisas diretas quando já ocorreu a apropriação e a compreensão do referencial teórico relativo ao tema.

Lakatos e Marconi (1985, p. 104) classificam as hipóteses em básicas e secundárias, considerando:

- as que afirmam, em determinadas situações, a presença ou ausência de certos fenômenos;
- as que se referem à natureza ou características de fenômenos, em uma situação específica;
- as que apontam a existência ou não de relações entre fenômenos;
- as que preveem variação concomitante, direta ou inversa, entre certos fenômenos etc.

As hipóteses secundárias, complementares às básicas, caracterizam-se por:

- abarcar em detalhes o que as básicas afirmam em geral;
- englobar aspectos não abarcados pelas básicas;
- apontar relações induzidas das básicas;
- decompor em especificidades a afirmação geral;
- indicar outras relações prováveis de serem achadas.

Cervo e Bervian (2002) e Severino (2003) propõem algumas regras para a elaboração de hipótese, já relatadas no Capítulo II.

Nas pesquisas diretas (de campo e laboratorial), é necessário relatar brevemente o método empregado na pesquisa para os procedimentos de coleta e execução da pesquisa e para análise e interpretação dos resultados do estudo.

Ao final da introdução, após o leitor saber o assunto, enuncia-se com objetividade o plano e os principais aspectos do desenvolvimento da pesquisa, descrevendo a estrutura dos capítulos, as principais fontes teóricas consultadas, os tópicos primordiais e procedimentos, oferecendo uma visão global, mas superficial da pesquisa.

Recomenda-se escrever um "esboço" da introdução e, ao final da pesquisa, complementar com o estudado no decorrer do trabalho.

> *Nota*: alguns equívocos frequentes em trabalhos monográficos quanto à Introdução:
>
> - relatar dados históricos que não contribuem para a apresentação do problema de pesquisa; só devem aparecer se a pesquisa tiver características históricas;
> - apresentar os resultados da pesquisa logo no início, fazendo que o leitor não se interesse pela leitura do trabalho. Os resultados são expostos nas conclusões da pesquisa;
> - não explicitar claramente o problema norteador de todo o estudo e o ponto de partida do trabalho;
> - apresentar objetivos do profissional de Educação Física, e não do estudo, por exemplo, "possibilitar o aumento da massa magra dos praticantes da hidroginástica", "desenvolver as capacidades físicas de força e de flexibilidade", ou "melhorar a qualidade de vida das pessoas da terceira idade".

4.1.2.2.2 Desenvolvimento

O **desenvolvimento** do trabalho pode ser dividido em alguns itens, de acordo com o tipo de pesquisa (direta ou indireta), envolvendo: revisão de literatura, método e apresentação e análise de resultados.

Pesquisas indiretas (bibliográficas ou documentais)

Na pesquisa bibliográfica, o desenvolvimento concentra-se na revisão de literatura, em que o pesquisador sintetiza e analisa criticamente de forma clara as ideias dos autores a respeito do tema.

A revisão de literatura divide-se em seções e subseções, de acordo com os objetos de estudo expostos na introdução pelas questões que orientam o estudo. Costuma-se dividir a revisão de literatura em seções e subseções de acordo com a necessidade do trabalho, seguindo uma linha de pensamento lógico e, especialmente, explicando e solucionando o problema central.

A seguir, um exemplo das divisões e subdivisões dos itens da revisão de literatura, de acordo com o tema e o problema determinados anteriormente:

> **CAPÍTULO II – REVISÃO DE LITERATURA**
>
> 2.1 CARACTERIZAÇÃO DA FAIXA ETÁRIA DE 0 A 3 ANOS
>
> 2.2 JOGOS E BRINCADEIRAS
>
> **2.2.1 Os tipos de jogos segundo uma abordagem psicológica**
>
> **2.2.2 Os jogos na faixa etária de 0 a 3 anos**
>
> 2.3 DESENVOLVIMENTO SOCIOAFETIVO
>
> **2.3.1 Desenvolvimento socioafetivo em crianças de 0 a 3 anos**
>
> 2.3.1.1 Aspectos que Interferem no Desenvolvimento Socioafetivo
>
> 2.3.1.2 Estímulos Necessários ao Desenvolvimento Socioafetivo
>
> 2.4 RELAÇÃO ENTRE OS JOGOS E BRINCADEIRAS E OS FATORES DE DESEN-
> VOLVIMENTO SOCIOAFETIVO DE CRIANÇAS DE 0 A 3 ANOS DE IDADE

O número de itens é determinado pelo desdobramento da questão básica nas questões que orientam o estudo. Portanto, é impossível estipular a quantidade de seções da revisão de literatura e o número de páginas, porque estes são definidos de acordo com a abrangência do problema de pesquisa, que origina os temas e os objetos de estudo a investigar.

4.1.2.2.3 Redação da revisão de literatura

A intenção de apresentar sugestões de redação de textos acadêmicos não é descrever técnicas e analisar regras gramaticais, ortográficas e de acentuação. Considera-se que o aluno, ao fim da graduação ou da pós-graduação, tenha domínio da língua e saiba redigir corretamente. Assim, apontam-se apenas alguns recursos e procedimentos para a redação de textos acadêmicos.

O trabalho científico dirige-se, em um primeiro momento, aos examinadores, ficando, depois, à disposição de todos na biblioteca e/ou internet, o que exige uma redação consistente e correta. Escreve-se para toda a humanidade, com mais ou menos conhecimento sobre o tema; portanto, a redação deve ser compreendida claramente por todos.

O discurso tem que ser humano e é preciso ter em mente para qual público se escreve. A habilidade do autor está em fazer que o círculo de sentido do leitor coincida exatamente com o seu, e em escrever para que ambos fiquem no mesmo círculo. Portanto, o autor deve dizer o que pretende e com um único sentido.

A **revisão de literatura** constitui-se em grande problema, em razão de o pesquisador não vivenciar experiências de redigir textos e das poucas leituras realizadas em sua formação, fato comprovado no Brasil. Segundo Eco (1998), escrever é também questão de treino.

Revisão de literatura não é apenas repetir frases dos autores, não se deve exagerar nas citações diretas de autores, mas realizar uma "resenha crítica" sobre o assunto, o que, de acordo com Moura (1992), consiste em resumos de trabalhos científicos, literários, jornalísticos ou artísticos apresentando a opinião do autor. Escreve-se contextualizando os temas investigados, caracterizando a redação como dissertação. Jamais escrever mais de três páginas sem um exemplo sólido é uma boa dica.

Dissertar remete à ideia de compor uma redação extremamente acadêmica, formal e rebuscada. Todavia, verifica-se constantemente esse procedimento. Ao ler um texto, normalmente, a reação é concordar ou discordar de partes ou do todo. Entretanto, não basta simplesmente concordar ou discordar, é imprescindível emitir porque você tem determinada posição, argumentar sua opinião sobre o assunto, que obriga analisar, julgar e refletir sobre conceitos e fatos, o que caracteriza a dissertação.

Dissertar é demonstrar o ponto de vista e se integrar à sociedade como cidadão reflexivo, crítico e participativo, aspectos que impõem à educação desenvolver competências nas pessoas para se posicionarem em relação ao mundo e à sociedade. Dessa forma, exige conhecimento dos procedimentos e técnicas dissertativas e muitas tentativas para aperfeiçoar a redação.

A dissertação não é poesia ou romance, por isso, evite linguagem que possibilite várias interpretações e ambiguidades. Não utilize versos para compor o texto, pois **os textos acadêmicos devem ser objetivos, claros, lógicos e informativos,** diferenciando-se dos textos literários, em que se utilizam figuras de linguagem (hipérbole, metáforas, metonímias), frases de efeito e termos rebuscados, os quais complicam o entendimento do texto. Na dissertação (revisão de literatura), o autor deve explicitar seus pressupostos com **clareza, coerência e espírito crítico**.

O texto deve expressar as informações com elegância e leveza, e ao mesmo tempo, precisão e clareza, com linguagem clara e simples. Tome cuidado para não cair na linguagem e em jargões técnicos e específicos da área científica, como economês, pedagogês, sociologuês etc.

Para elaboração de um texto dissertativo, conforme Moura (1992), é necessário seguir uma estrutura-padrão: introdução, desenvolvimento e conclusão, para todas as seções e subseções da revisão de literatura.

Introdução é a apresentação da ideia principal, delimitando o tema a ser analisado e discutido.

O desenvolvimento é o relato das opiniões e argumentos que alicerçam a ideia principal, estruturando-se de algumas formas e técnicas: causa e consequência; exemplificação; comparação; definição; ordenação cronológica; contra-argumentação. Todas elas são expostas, comentadas e exemplificadas nesta obra.

Na conclusão, reafirma-se sinteticamente a ideia que se propôs a expor, balizada nas assertivas realizadas no desenvolvimento, de maneira convincente e conclusiva, pois este é o parágrafo final.

Leia na sequência algumas sugestões de redação, pois não existem receitas, dependendo do assunto/tema, dos objetivos do trabalho, bem como do estilo pessoal do redator:

- *Causa e consequência*

O texto é elaborado com argumentos que apontam a causa (fato) que acarreta o que está expresso na ideia principal (primeiro parágrafo que delimitou o tema) e sua consequência (fato).

Exemplo:

Introdução – ideia principal (primeiro parágrafo)

No ensino fundamental, a Educação Física é uma das disciplinas que apresentam inúmeras oportunidades educacionais às crianças dos ciclos I e II.

A Educação Física, ao possibilitar atividades que exigem habilidades e competências nos aspectos cognitivo, psicomotor e socioafetivo, desenvolve o ser humano de forma integral.

Causa – ao possibilitar atividades que exigem habilidades e competências dos aspectos cognitivos, psicomotores e socioafetivos.

Consequência – desenvolve o ser humano de forma integral.

- *Exemplificação*

A exemplificação é empregada para confirmar uma teoria, ilustrar uma regra ou princípio e comprovar uma afirmativa pessoal.

Exemplo:

Os educadores de outras áreas geralmente não entendem nem enxergam as possibilidades pedagógicas da Educação Física Escolar. Entretanto, a Educação Física possibilita um desenvolvimento global do aluno, como demonstram os conteúdos ministrados nessa disciplina. Por exemplo, os jogos populares tradicionais, como batata quente e alerta, em que são desenvolvidos os aspectos psicomotores (arremessar e receber), cognitivos (atenção e concentração) e socioafetivos (disciplina e organização).

- *Comparação*

O autor compara fatos, ideias e seres, realçando suas semelhanças ou diferenças. Compara por semelhança quando há convergência das premissas e acontecimentos formulados no decorrer do texto.

Exemplo:

> Dewey (1956) ressalta que os jogos devem ser utilizados na educação infantil por serem fundamentais para o desenvolvimento intelectual e moral da criança. Contudo, isso depende do modo como forem empregados, uma vez que os jogos possuem um caráter ambíguo.
>
> Os fatores que mostram a ambiguidade do jogo na manutenção ou transformação de crenças, valores e atitudes na vida social, para Orlick (1989, p. 107), surgem durante a participação em um determinado jogo, pois nesta vivência constitui-se uma "minissociedade" que pode formar o indivíduo em direções variadas. A experiência de jogar é sempre uma oportunidade aberta, não determinada, para um aprender relativo. Pode-se tanto aprender a ser solidário e cuidar da integridade uns dos outros como a se julgar importante a ponto de descuidar do bem-estar do próximo, dependendo dos princípios, valores, crenças e estruturas que direcionem essa "minissociedade, jogo". Por exemplo, promover o trabalho em equipe de forma cooperativa e solidária entre os participantes, ou valorizar intensamente a vitória e o incentivo à competição exacerbada. Dessa forma, o jogo relaciona-se como desenvolvimento social e cultural da sociedade na qual está inserido.
>
> Dewey (1956) demonstra a relatividade do jogo como fator educacional:
>
>> Os jogos tendem a reproduzir e fortalecer não só as excelências como também a rudeza do ambiente da vida dos adultos. Torna-se, portanto, função da escola conseguir um ambiente em que os jogos e trabalhos orientem-se para o escopo de facilitar o desejável desenvolvimento mental e moral. (p. 216)
>
> Com a mesma tendência em discutir o caráter ambíguo dos jogos, Adorno (1995) destaca os aspectos dos jogos: podem fortalecer as excelências da realidade da vida dos adultos, enobrecer a solidariedade e a consideração pelo mais frágil, causando um efeito contrário à barbárie e ao sadismo, quando orientados por preceitos morais e do *fairplay* ou reproduzir a rudeza, a agressividade, a crueldade e a competitividade exacerbada do ambiente adulto.

A redação por contraste ocorre quando a dissertação realça as diferenças ou divergências entre os fatos ou pressupostos do texto.

Exemplo:

O Brasil apresenta diversos paradoxos, pois é reconhecido mundialmente como a oitava economia do mundo, pelos resultados de seu Produto Interno Bruto (PIB) e, ainda, por bater recordes consecutivos na produção de grãos, mas, ao mesmo tempo, é apenas o 72º colocado em desenvolvimento humano, com problemas graves na saúde, educação e alimentação do povo, e com índices, do próprio governo, de mais de 30 milhões de brasileiros em condições miseráveis de vida.

Wallon (1971) afirma que é na faixa dos três aos seis anos de idade, faixa etária referente à educação infantil, que, por interações sociais, inicia-se o processo de formação da personalidade da criança. As atividades de jogos realizadas na educação infantil, ao possibilitarem essas interações sociais com pessoas diferentes da família a que pertence, ampliam as experiências sociais de conhecimento, configurando-se em atividades essenciais ao desenvolvimento da criança.

A atividade lúdica, para esses autores, não pode ser vista como mera ocupação do tempo, pois vai além do prazer, visto que concorre para o progresso mental e moral, sendo fundamental para o exercício e o desenvolvimento da motricidade, da inteligência, das emoções e das relações sociais e afetivas.

Os jogos e as brincadeiras são vistos como componentes educacionais, segundo Dewey (1956), divergindo, neste aspecto, da teoria de Wallon (1981), que entende ser o jogo uma atividade com fim em si mesma, não devendo constituir-se como estratégia para aprender conteúdos escolares. Para Dewey (1956), são os pontos de partida para a educação, uma forma de diminuir a separação entre a vida dentro e fora da escola, de tornar a ida à escola uma alegria, e de manter a disciplina e facilitar o aprendizado. Para o autor, na educação infantil, a visão escolástica do saber não aceita as atividades primárias da educação, o uso do corpo e a manipulação. No entendimento de Dewey (1956), o curso natural do desenvolvimento é aprender por meio de atividade, "aprender fazendo", entendendo que "as artes, os jogos e os trabalhos manuais constituem o estágio inicial do currículo" (DEWEY, 1956, p. 204).

Na sequência, o texto de Fabri e Rossetto Júnior (2004) utiliza a comparação, enfocando a semelhança e o contraste.

Lemmer et al. (2000) compararam os efeitos de 9 semanas de treinamento de força em apenas uma perna e 31 semanas de destreinamento nos níveis de força em homens e mulheres jovens e idosos. Os resultados de cada grupo foram comparados com a perna não treinada. Foram avaliadas as potências aeróbias, a composição corporal, teste de 1 RM e pico de torque isocinético. O programa de treinamento consistia em cinco séries de extensão do joelho na perna dominante três vezes por semana durante nove semanas. Sendo a primeira série de cinco repetições com 50% de 1 RM, a segunda série também com cinco repetições, mas com peso maior, a terceira série era de 10 repetições, e as cinco primeiras, o mais pesado possível, seguido por um declínio da carga; a quarta e a quinta séries eram como a terceira, mas as repetições estendiam-se até 20. Os resultados mostraram um aumento significativo na força para todos os grupos durante o treinamento e uma redução significativa na força, no período de destreinamento, para os grupos avaliados. Após 12 semanas de destreinamento, nenhum dos grupos apresentou diferença significativa. Após 31 semanas, homens jovens e idosos apresentaram reduções significativas na força, comparados com o final do treinamento. Houve aumento significativo na força de homens jovens, quando comparados com idosos e reduções significativas na força de idosos, quando comparados com homens jovens após 31 semanas de treinamento. No período de 12 a 31 semanas de destreinamento, o grupo de jovens teve reduções significativamente menores na força do que o de idosos. Após 31 semanas, os valores comparados aos iniciais foram relativamente iguais em homens e mulheres jovens e adultos, cerca de 10% a 11%. Homens e mulheres obtiveram aumentos significativos no pico de torque isocinético comparado ao período inicial.

Adams et al. (2000) realizaram um estudo com mulheres idosas afro-americanas sedentárias, com faixa etária entre 44 a 68 anos de idade, tendo por objetivo verificar os efeitos de 8 semanas de um treinamento de força progressivo, com baixa frequência e baixo volume, enfatizando pesos livres e exercícios multiarticulares. As variáveis observadas foram potência, força, *endurance* e flexibilidade. As mulheres não realizavam atividade física e não estavam participando de um programa de treinamento de força. Foi utilizado um grupo controle de sete mulheres e um grupo-experimento com 12 mulheres. Para cada variável foi realizado um teste específico no qual houve um período de adaptação aos movimentos propostos. O programa de força foi realizado duas vezes por semana, durante 8 semanas, sendo as alunas orientadas por *personal trainers*. Foram realizados dois exercícios primários e sete exercícios assistentes. Para os primários, foi utilizado teste de 1 RM e para os assistentes, escala de percepção de esforço. Não houve diferença significativa no teste de potência com *medicine ball*, mas diferença significativa nos testes de 1 RM no *bench press* e no *leg press*; isso também ocorreu nos testes de *endurance* e flexibilidade. A diferença na flexibilidade pode ser explicada pelo uso de exercícios multiarticulares, realizados com grande grau de amplitude.

Os estudos de Adams et al. (2000) demonstram o progresso de força após um período de treinamento de oito semanas. Esses resultados vão ao encontro dos alcançados por Lemmer et al. (2000), que, ao analisar o treinamento de força por um período de nove semanas, também constatou aumento significativo da força nos praticantes. Dessa forma, é possível afirmar que a força muscular de pessoas idosas é alterada com um período relativamente pequeno de treinamento, acarretando melhora na aptidão física dos executantes.

Morganti et al. (1994) realizaram um estudo com o objetivo de avaliar os efeitos de um treinamento de resistência progressivo nos ganhos de força muscular após um longo período de pós-menopausa (mais de cinco anos) em mulheres idosas com até 70 anos. O estudo foi realizado durante um ano, compreendendo entre 50 e 54 semanas, com média de 52 semanas. O grupo foi dividido em controle e experimental de forma aleatória. Os testes foram realizados no início, seis meses e doze meses depois para o grupo controle e mensalmente para o grupo-experimento. Foi utilizado teste de 1 RM e escala de Borg para determinar a carga máxima dos cinco exercícios realizados. A intensidade de trabalho foi de 80% de 1 RM e 16 na escala de Borg, e, nas primeiras duas semanas, as intensidades eram de 50 e 60%. Foram realizadas três séries de oito repetições, com intervalos de dois minutos entre as séries. Os resultados mostraram que o grupo treinado estava mais forte do que o grupo controle em todos os exercícios 6 e 12 meses depois do início dos treinos.

Os maiores ganhos de força para o grupo treinado ocorreram no primeiro quarto do ano, mas continuaram a aumentar de forma reduzida durante todo o resto do programa.

Os resultados descritos por Morganti et al. (1994) comprovam as assertivas de Lemmer et al. (2000) e Adams et al. (2000), pois reafirmam o aumento de força em pessoas idosas após um período de dois meses de treinamento, o que demonstra a possibilidade de desenvolvimento desta capacidade física em pessoas idosas em curto período de tempo.

Housh et al. (1996) investigaram os efeitos de oito semanas de treinamento seguidas por oito semanas de destreinamento em um programa de resistência com exercícios excêntricos. O grupo realizou de três a cinco séries de seis repetições, aumentando o número de séries a cada semana, com 80% da carga máxima determinada no teste de 1 RM, sendo a mesma máquina do teste e a perna não dominante a treinada. Os resultados mostram que há uma diferença significativa entre o período de pré-treinamento com os períodos pós-treinamento e destreinamento. Entretanto, não existe nenhuma diferença significativamente válida entre o período de pós-treinamento e o período de destreinamento.

Os resultados obtidos por Housh et al. (1996) são diferentes. Housh et al. (1996) avaliam um período de oito semanas, enquanto Lemmer et al. (2000) analisam o destreinamento de 31 semanas, do que se infere que oito semanas de destreinamento são insuficientes para influenciar a perda de força muscular.

> Smith et al. (2003) avaliaram em 30 idosos, com média de idade de 72,5 anos, os efeitos de dois anos de treinamento de força seguido por três anos de destreinamento. Os integrantes foram divididos em três grupos: o grupo treinado que, após dois anos de treino, continuaria uma fase de três anos de manutenção; o grupo destreinado, que, após treinamento, não realizaria qualquer treinamento por três anos, e o grupo controle. Nos dois primeiros anos, os dois grupos realizaram duas sessões por semana, de 2 a 3 séries de 8 a 12 repetições com intensidade de 80% de 1 RM para membros inferiores e superiores. Passados dois anos, o grupo treinado continuou a treinar duas vezes por semana com intensidades de 60 a 70% de 1 RM durante três anos e o grupo destreinado não se envolveu em nenhum programa de treino por três anos. Após dois anos de treinamento, os grupos treinado e destreinado apresentaram aumentos significativos de força em todos os exercícios, com exceção do grupo controle. Após três anos de treino, o grupo treinado continuou com valores significativamente altos em relação ao início dos testes. Já o grupo destreinado manteve valores acima dos iniciais, mas não de forma significativa.
>
> Os estudos de Smith et al. (2003), em comparação aos estudos de Lemmer et al. (2000), demonstram dados mais representativos em relação ao treinamento e destreinamento, em razão do período mais longo analisado e por avaliar três grupos diferentes, concluindo que, mesmo após longo destreinamento (2 anos), ocorre diferença em relação aos índices de força dos destreinados em relação ao grupo controle. Essa constatação demonstra que, mesmo após o destreinamento, são observados indicativos de implicações do treinamento em idosos.

- *Definição*

Em textos acadêmicos que exigem muita clareza nas informações, para que se compreenda com exatidão o tema investigado, é imperativo definir expressões ou conceitos empregados no estudo. Dessa forma, a definição é uma técnica utilizada com frequência no desenvolvimento da dissertação.

Observa-se claramente, no trecho recortado do livro de Friedmann (1998), a utilização da definição como técnica de redação:

> É importante ressaltar, neste momento, a definição de alguns termos utilizados: brincadeira refere-se, basicamente, à ação de brincar, ao comportamento espontâneo que resulta de uma atividade não estruturada; jogo é compreendido como uma brincadeira que envolve regras; brinquedo é utilizado para designar o sentido de objeto de brincar; atividade lúdica abrange, de forma mais ampla, os conceitos anteriores. (FRIEDMANN, 1998, p. 12).

- *Ordenação*

Este é um recurso de dissertação, que implica uma ordem de apresentação cronológica dos acontecimentos ou fatos ocorridos, sobretudo nas pesquisas históricas, mas não exclusivamente.

Na sequência, demonstra-se um exemplo de texto construído com o recurso da ordenação, extraído de Gallardo (2000).

No final do século XIX, com a saída da condição de colônia, torna-se necessário assegurar a ordem social e o progresso "com a formação de um indivíduo forte, saudável, indispensável à implementação do processo de desenvolvimento do país" (CASTELLA-NIFILHO, 1988, p. 39). Então, a ginástica (Educação Física) é considerada importante para os fins pretendidos e seu teor foi todo demarcado por médicos com preocupações higienistas, em que se buscava a aquisição e a manutenção da saúde individual, visando a "disciplinar os hábitos das pessoas no sentido de levá-las a afastarem-se de práticas capazes de provocar a deteriorização da saúde e da moral, o que comprometeria a vida coletiva" (GHIRALDELLI JUNIOR, 1991, p. 17). Inicialmente, assumiu um conceito anatômico e, posteriormente, anatomofisiológico, com conotações nitidamente eugenistas [...].

Com a criação da primeira escola de formação de instrutores de Educação Física (Escola de Educação Física da Força Policial do Estado de São Paulo, 1907), e logo após, em 1922, com a criação do Centro Militar de Educação Física, passou-se a contratar militares para serem professores/instrutores de ginástica nas escolas. Esses militares, além de continuarem com o ideário médico higienista/eugenista, contaminados que estavam pelos princípios positivistas de que o homem é um ser definido e explicado biologicamente e com desigualdades naturais, portanto, possuidor de desigualdades sociais, acrescentaram a necessidade da Escola em se preocupar com a formação de futuros militares. Temos assim uma Educação Física militarista, em que se destaca o adestramento físico como maneira de preparar o aluno ao cumprimento dos seus deveres para a defesa da nação em razão dos perigos internos que se vislumbravam por causa da ordem político-econômica em desestruturação, como surgimento de um pensamento nacional, e do perigo externo, onde se configurava um conflito mundial (a primeira Guerra Mundial) [...].

Ao se conceber a necessidade de construir um homem forte, ágil e mais empreendedor (a mão de obra necessária para a expansão do capitalismo) e de se equipar aquela massa de despreparados e desocupados crescente nas zonas urbanas, implantou-se a Educação Física nas escolas: em alguns Estados, entre 1910 e 1934, é obrigatória em todo o território nacional a partir de 1937. Tinha-se o entendimento de que força física transformava-se em força de trabalho [...].

> Ao submeter o aluno às mesmas coações que sofre o operário-robô, apoiando-se nos estudos da biomecânica, a Educação Física lança mão, com forte influência norte-americana, de uma forma (atividade) em franca expansão após a Segunda Guerra, capaz de promover o desenvolvimento do homem necessário ao capitalismo emergente: a prática físico-esportiva. A fase pós-guerra foi propícia para o esporte, pois estavam em desenvolvimento as indústrias com a consequente urbanização da população e dos meios de comunicação de massa.

- *Contra-argumentação*

É o procedimento de emitir seu ponto de vista e demonstrar a falsidade ou fragilidade da argumentação dos autores, quando diferentes ou divergentes da realidade. Deve ser utilizada muito criteriosamente, com sólido embasamento, e relatar a discordância com cortesia para com o autor.

A seguir, apresenta-se um recorte do artigo de Franco (1988, p. 78), que argumenta contra a concepção de Luna (1988) no artigo *O falso conflito entre tendências metodológicas*.

> "[...] traz no seu bojo implicações para a prática acadêmica e social de investigadores, docentes e pesquisadores". Uma delas diz respeito à própria concepção de teoria, tal qual se delineia no texto de Luna. Para ele, a teoria surge "a partir de conhecimentos parciais obtidos pela limitação do homem como uma possibilidade de integrá-los [...]".
>
> Ao atribuir à teoria essa função integradora, Sérgio Luna incorre em mais uma dicotomia, separando teoria e prática. Ou seja, teoria passa a ser vista como um conjunto de ideias, de conceitos, de leis e princípios que parecem resultar do puro esforço intelectual, sem qualquer laço de dependência com as condições sociais e históricas. Nessa mesma linha, postula-se que esse conjunto de ideias, para ser "científico", deve necessariamente surgir e ser construído a partir de uma observação "neutra", "objetiva", em que o distanciamento do investigador e o recurso do consenso entre juízes são metas fortemente almejadas. Com esse conjunto de ideias, depois de sistematicamente organizadas e indutivamente acumuladas, pretende-se explicar a realidade, quando, na verdade, é a realidade que torna compreensíveis as ideias e teorias elaboradas.

A utilização de um dos estilos de redação não exclui os outros. Nos textos acadêmicos lança-se mão da combinação de técnicas, por exigências do tema e para esclarecimento aos leitores, de formação e níveis intelectuais diversos.

Para Moura (1992), são fundamentais dois fatores à dissertação: coesão e coerência do texto.

Coesão é a relação entre os elementos do texto no interior das frases, entre as frases e entre um parágrafo e outro.

Coerência é a ordenação lógica e objetiva dos pressupostos e ideias do tema.

Dessa forma, a coerência depende da coesão; logo, um texto sem coesão apresentará problemas quanto à coerência.

Moura (1992) aponta os problemas mais frequentes de coesão:

- *Uso inadequado do conectivo*

a) Preposição:

> A prática de atividade física é mencionada pela área médica como fundamental para a manutenção da saúde do homem; entretanto, as necessidades e urgências da vida atual impossibilitam a realização de exercícios regulares, os quais são fundamentais **no** desenvolvimento humano.

Neste caso, há utilização equivocada da preposição **em (no)**. A redação ficaria mais clara se empregasse a preposição **a**: "[...] fundamentais **ao** desenvolvimento humano".

b) Pronome relativo:

> Os alunos **que** o desenvolvimento motor é menor que a média da turma, geralmente, são os excluídos das aulas de Educação Física.

Observar que o uso do pronome **que** está gramaticalmente errado; o correto é o pronome **cujo**: "Os alunos **cujo** desenvolvimento motor é [...]".

c) Conjunção:

> A atividade física é um fator fundamental à diminuição da massa gorda em obesos, para busca de uma melhor qualidade de vida. **Portanto**, não são todos os exercícios físicos que são indicados para o indivíduo obeso praticar.

Notar a incorreta utilização da conjunção **portanto**, pois pretende-se relatar oposição, e não conclusão. Alternativas corretas: **no entanto**, **todavia**, **mas**, **porém** etc.

- *Falta de sequência lógica*

a) Tempos verbais

> As crescentes e futuras exigências do mercado de trabalho e da clientela **obrigaram** a melhora na formação acadêmica, científica e crítica dos profissionais da área da saúde.

Aqui, ocorre o uso incorreto do verbo **obrigar** no passado, para expressar uma consequência futura do fato exposto. Veja o correto na frase abaixo:

As crescentes e futuras exigências do mercado de trabalho e da clientela **obrigarão** a melhora na formação acadêmica, científica e crítica dos profissionais da área da saúde.

b) Elementos de ligação

> As exigências cada vez maiores levarão as escolas para um curso dado de uma forma mais tradicional, seria uma das soluções que gradualmente voltaria.

Qual é a lógica entre a primeira e a segunda frase? A correção gramatical não contribuiria para o entendimento, pois faltam elementos de ligação que demonstrem as relações.

- *Redundância* – repetição desnecessária de palavras, expressões ou ideias

> Para manter a saúde e prevenir doenças, são essenciais a prática de **atividade física**, nutrição equilibrada, horas adequadas de sono e bons relacionamentos sociais. Assim, a **atividade física** torna-se obrigatória para o ser humano. Entretanto, a falta de tempo causada pela vida cotidiana impede a prática de **atividade física** regular; logo, as pessoas devem organizar o tempo diário para realizar **atividade física** pelo menos 30 minutos no dia.

A repetição excessiva do termo **atividade física** é uma redundância, e pode ser substituído por exercício físico ou movimento corporal, como se verifica no exemplo:

> Para manter a saúde e prevenir doenças, são essenciais a prática de **atividade física**, nutrição equilibrada, horas adequadas de sono e bons relacionamentos sociais. Assim, **movimentos corporais** moderados e intensos tornam-se obrigatórios para o ser humano; entretanto, a falta de tempo causada pela vida cotidiana impede a prática de **exercício físico** regular: logo, as pessoas devem organizar o tempo diário para realizar **atividade física** pelo menos 30 minutos no dia.

- *Ambiguidade* – frases que apresentam duplo sentido, dificultando a compreensão

> O atleta sente a torcida do pódio nas olimpíadas.

Nesta frase, é possível compreender que o atleta sente a torcida pelo pódio, quando participa das olimpíadas, ou, ao estar no pódio das olimpíadas, sente a empolgação da torcida. O texto não pode levar à ambiguidade ou dúvida, deve ser claro e objetivo.

Um fator determinante para a objetividade do texto é a impessoalidade, pelo emprego do pronome **se**: **procedeu-se**; **realizou-se**; **verifica-se**; **nota-se** e **observa-se**.

A redação de todo o texto da pesquisa deve ser impessoal, ou seja, na 3ª pessoa do singular, como se redigiu todo este livro, e conforme mostram os exemplos:

> Verifica-se, na opinião dos autores Freire (1999) e Mattos (2000), que a Educação Física é o caminho indicado para solução de muitos problemas encontrados na escola.
>
> Na Tabela 2, constata-se que o percentual de alunos em recuperação é insignificante, não chegando a 2%.

Não devem ser utilizados pronomes pessoais da 1ª pessoa do singular ou plural (eu/nós) e expressões com conotação de subjetividade, como: eu penso; na minha opinião; em minhas aulas; acredito; o meu trabalho; minhas experiências. Entretanto, devem-se utilizar expressões impessoais: **cabe, pois, concluir que**; **parece acertado que**; **dever-se-ia dizer que**; **o presente trabalho**; **esta pesquisa**; **do exame do exposto percebe-se que**. Isso porque a pesquisa é impessoal e fala por si própria.

Dessa forma, "não se deve redigir o artigo que citei anteriormente ou o artigo que citamos anteriormente e sim o artigo anteriormente citado" (ECO, 1998, p. 120).

Para Moura (1992, p. 19), "em geral, os parágrafos dissertativos devem apresentar uma ideia básica acrescida de uma ou mais frases que esclareçem melhor essa ideia".

Em relação à formulação dos parágrafos, Eco (1998) recomenda: não utilize períodos longos, procure sintetizar as premissas e ideias dos autores e não receie repetir duas vezes o sujeito, eliminando o excesso de pronomes e orações subordinadas, pois, a certa altura, não é possível identificar de que se fala.

A Pontifícia Universidade Católica de São Paulo (PUC-SP, 1997, p. 31-2) indica alguns vícios e equívocos comuns nos textos, como a adjetivação (walloniano, piagetiano, vygotskyano etc.) e estrangeirismos (*performance*, *fitness* etc.), acrescentando:

> deve-se evitar a substantivação criada com o sufixo "-idade", como: coisidade, ludicidade, brasilidade, baianidade etc. Não convém transformar substantivo e adjetivos em verbos (exemplos: agudizar, agilizar, minimizar, maximizar, priorizar, oportunizar, precarizar etc.).

Não se utilizam neologismos da literatura técnica, principalmente com aportuguesamento de termos da informática: acessar, deletar, resetar, inicializar, formatar etc.

Eco (1998) apresenta algumas sugestões à redação dissertativa:

- Abra parágrafos com frequência, evite o acúmulo de frases e orações em um mesmo período, facilitando a clareza da redação.
- Evite divagações, seja direto.
- Utilize uma linguagem referencial, com os termos bem definidos e unívocos, e não a linguagem figurada, com metáforas, hipérboles, metonímias e ironias.
- A linguagem científica é concisa; não seja repetitivo, com vários parágrafos expondo a mesma ideia, o que torna o texto cansativo.
- Não use reticências ou pontos de exclamação nem faça ironias.
- Não explique pormenorizadamente os autores, por exemplo: "Mattos (2002), Professor Doutor da Universidade de São Paulo, autor dos livros *Educação Física Infantil: construindo o movimento na escola* e *Educação Física na Adolescência: construindo o conhecimento*; coordenador dos cursos de pós-graduação em Educação Física na Escola da Universidade Gama Filho e da UniFMU Centro Universitário, afirma que a Educação Física Escolar preocupa-se em ministrar movimentos com significados às crianças". Bastaria citar "Mattos (2002) afirma que a Educação Física Escolar preocupa-se em ministrar movimentos com significados às crianças".
- Nunca use artigo diante de nome próprio. Exemplo: "o Gallahue". Redija "como relata Gallahue (1989)".
- Não forneça referências e fontes (citações) para noções de conhecimento geral. Segue exemplo a ser evitado: "A Educação Física, **como relata Rossetto Júnior (2001)** (desnecessário), é componente curricular obrigatório na Educação Básica, desde a publicação da Lei de Diretrizes e Bases da Educação (9394/96)".
- Não atribua a um autor uma ideia que ele apresenta como de outro. Exemplo: "Ao ler Wallon, observa-se que o autor cita a classificação de Piaget do jogo em três estágios". Não se pode afirmar que Wallon (1981) divide os jogos em três fases, pois segue os pressupostos de Piaget (1978). O correto seria: "Wallon (1981) relata que Piaget (1978) divide o jogo em três estágios: jogo de exercício (0 a 2 anos); jogo simbólico (2 a 7 anos) e jogo de regras (a partir de 7 anos)".

Grion (2005) descreve mais algumas dicas para a boa dissertação:

- Utilizar palavras simples e frases curtas.
- Evitar ambiguidades, frases com duplo sentido.
- Não empregar termos como: grande parte, a maioria, essencialmente. Procurar ser preciso com o uso de expressões como "um sexto", "vinte e cinco por cento".
- Atenção com as colisões, com o uso sucessivo de consoantes iguais; por exemplo: "o que se sabe sobre o sucesso de Sergio Santos".
- Cuidado com os cacófatos, sequência de certas palavras que acarretem som desagradável.

- Evitar linguagem artificial, com preciosismos ou rebuscamentos, que levam a ideias vazias.
- Não utilizar palavras supérfluas, pleonasmos, como, por exemplo, "Precisamos enfrentar **de frente** o problema", "Que surpresa **inesperada!**".

Confira no quadro a seguir algumas expressões que devem ser evitadas, erros mais frequentes nos textos científicos e sua forma correta.

Quadro 6 – Expressões a serem evitadas

Evitar	Utilizar
A colocação de (no sentido de "afirmações")	As premissas, os pressupostos, as afirmações
A modo que	De modo que
A partir de (sem valor temporal)	Com base em, tomando-se por base, valendo-se
Ao invés de	Ao contrário de
Ao ponto de	A ponto de
Através de (para expressar instrumento)	Por, mediante, por meio de, por intermédio de
Como um todo	Toda a
Devido a	Em razão de, em virtude de, graças a
Dito	Citado, mencionado
Em função de	Em virtude de, em consequência de, em razão de, por causa de
Enquanto	Ao passo que
Enquanto (no sentido de condição)	Como
Entre um a outro	Entre um e outro
Inclusive (sem o sentido de "incluindo-se")	Até, ainda, também
Ir de encontro (no sentido de concordância)	Ir ao encontro
Onde (sem o sentido de lugar)	Em que, na qual, nas quais, no qual
Pois (no início da frase)	Já que, porque, uma vez que, visto que
Principalmente	Especialmente, mormente, notadamente, sobretudo, em especial, em particular

Continua

Continuação

Evitar	Utilizar
Se não (com significado de "do contrário", "mas sim")	Senão
Sendo que	E
Sob um ponto de vista	De um ponto de vista
Sob um prisma	Por (ou através de) um prisma
Todo mundo	Todos

Outro aspecto importante da dissertação é em relação à necessidade de modéstia. Ao apresentar suas argumentações e inferências, ao criticar os estudos anteriores, o autor deve lembrar-se de que, por melhor que seja o trabalho, é impossível atingir a perfeição, estando sujeito a erros e críticas de outros estudiosos.

Um último fator da elaboração do texto é a revisão final. Devem-se esperar alguns dias após o término, deixando o texto "descansar", para imprimir o texto e iniciar a revisão, pois na tela do computador é mais difícil identificar as falhas. Procure observar fluência, organização, sequência lógica e justificativa para o relatado, avaliando as seções, as subseções, os parágrafos, as frases e as palavras.

É interessante solicitar a avaliação e opinião de alguém de outra área de formação acadêmica antes de concluir, porque ele enxergará lacunas, ambiguidades, dicotomias que o autor não observa, sobretudo por supor o conhecimento prévio do assunto pelo leitor.

Pesquisas diretas (de campo ou laboratorial)

Nos casos de pesquisa de campo ou laboratorial, o desenvolvimento deve descrever o método, os resultados e a discussão/análise dos dados, além da revisão de literatura, como mostra o exemplo que detalha o "desenvolvimento":

CAPÍTULO II – REVISÃO DE LITERATURA (como nas pesquisas indiretas bibliográficas, demonstradas na seção anterior)

CAPÍTULO III – MÉTODO (inclui os itens: sujeitos ou amostra da pesquisa, materiais, instrumentos, procedimentos e tratamento estatístico)

CAPÍTULO IV – RESULTADOS E DISCUSSÃO (demonstração e análise dos resultados dos dados coletados)

4.1.2.2.4 Método

Amostra ou sujeitos: são uma parte representativa do total (população), seleciona-da para demonstrar de forma legítima os resultados da pesquisa, que são generalizados a toda a população. É obrigatório descrever como se selecionou a amostra da pesquisa, apontando o plano de amostragem e as limitações do estudo, pois nem sempre se observa uma boa prática de amostragem. Exemplo:

---

1 Amostra

Serviram como sujeitos para a pesquisa 82 alunos, dos 1os e 2os anos do ensino fundamental, de ambos os sexos, com idade entre 6 e 8 anos, pertencentes às classes de nível socioeconômico A e B, não praticantes de outras atividades motoras dirigidas fora do ambiente escolar, de um total de 86 alunos, que regularmente cursam o ensino funda-mental no Colégio Master, na Rua João da Silva, nº 111, Campo Bom, São Paulo (SP). Para seleção da amostra, empregou-se o cálculo de amostra para população finita descrito por Richardson et al. (1985).

Materiais: os objetos e equipamentos utilizados nas pesquisas de campo ou la-boratorial, em que as variáveis são manipuladas para realizar o estudo; materiais como os necessários para o transcorrer de uma aula de Educação Física ou um treinamento. Exemplo:

---

2 Materiais

Foram utilizados os seguintes materiais:

20 bolas;

10 colchonetes;

20 arcos;

10 bastões.

Para registrar os dados, papel, caderno, gravador, câmera de vídeo e calculadora.

Instrumentos: técnicas empregadas para coletar, medir e/ou avaliar os dados dire-tamente em suas fontes ou de maneira empírica: testes, entrevistas, observação, questioná-rios e formulários. Exemplo:

---

3 Instrumentos

Foi utilizado um formulário composto de 16 questões, para verificar as carac-terísticas das crianças e os hábitos de lazer, e, também, tipo, frequência e intensidade da prática de atividades físicas durante a semana, conforme consta do Apêndice A, e empregou-se o Teste de Habilidades do Basquetebol, de Daiuto (1971), para avaliar a *performance* das crianças nas habilidades especializadas de arremesso, drible e passe.

Procedimentos: relatos minuciosos e pormenorizados da forma como se realizaram a coleta e análise dos dados e as explicações necessárias para a delimitação do estudo. Demonstram as estratégias, estruturas e ações empregadas para coletar os dados, explicitando o método de tratamento e análise dos dados como estatística: porcentagem, percentil, média e os cálculos de significância: *t de student, Pearson* etc. Exemplo:

---

4 Procedimentos

Para a coleta de dados da pesquisa, procedeu-se da seguinte maneira: na primeira e na segunda semana de fevereiro do ano letivo de 2003, aplicou-se o formulário para avaliar a prática de atividade das crianças da população. Posteriormente, realizaram-se os testes das habilidades na execução dos fundamentos do basquetebol, cuidando-se para que o sujeito não houvesse vivenciado a prática dessas habilidades fundamentais do esporte em suas experiências de vida e que os alunos selecionados para a amostra pertencessem à mesma faixa etária e ao mesmo nível escolar, formando um grupo de alunos homogêneo, quanto à maturação, para não interferir no resultado da pesquisa. Os alunos realizaram os testes no 5º período de aula, às segundas e quartas, entre 17h30 e 18h30, em razão de esses serem os dias e o período das aulas de Educação Física/Iniciação Esportiva.

Nas primeiras semanas do ano letivo, as aulas foram realizadas no pátio e as avaliações na quadra de esportes. Os alunos saíram das aulas um de cada vez para efetuar os testes na sequência:

a) arremessos de lance livre;

b) velocidade de passes;

c) precisão de passes;

d) drible 1;

e) drible 2.

As aulas das quais os submetidos ao teste foram retirados tinham apenas atividades de pouca movimentação, para que a fadiga não interferisse nos resultados.

> Os testes seguiram as instruções pertinentes, como demonstram o Anexo B e o Anexo C do trabalho. Foram anotadas individualmente a *performance* de cada aluno nas habilidades analisadas, nas fichas de coleta de dados (Anexo D), com base nas quais serão realizadas as planificações estatísticas.
>
> Realizadas as coletas de dados, iniciaram-se as atividades lúdicas, com jogos e brincadeiras, consoante às propostas apresentadas, atentando para a significância e o prazer que as atividades propiciavam às crianças, como fator de motivação e estimulação para a realização das habilidades motoras. O desenvolvimento motor das habilidades mais complexas foi o objetivo a ser alcançado, respeitando-se o interesse e o desenvolvimento de todo o grupo por meio de observação e análise constante.
>
> Realizadas as atividades durante 8 meses, no final do processo, foram refeitas as observações e avaliações com os mesmos testes e padrões, para possibilitar as comparações entre a situação inicial e a situação final.

Tratamento estatístico

De acordo com Lakatos e Marconi (2001), não é um fim em si mesmo, mas uma forma de análise e interpretação dos dados recolhidos de forma empírica.

O relatório da pesquisa deve apresentar as limitações estatísticas da análise, como média aritmética, mediana, moda, proporção, percentagem, amplitude e desvio padrão.

É necessário empregar os testes estatísticos de hipótese para comparar e comprovar diferenças significativas entre os grupos ou entre os diferentes momentos analisados, pois apenas explicar a média de qualquer grupo não é suficiente para chegar a resultados fidedignos que representem a realidade de todo o grupo, principalmente quando se observa que a ocorrência de alguns casos extremos acaba por afetar essa média.

Um exemplo dessa hipótese ocorre quando se analisa a melhora da *performance* no chute de 10 crianças; no pré-teste, a média do grupo foi de 20 acertos em 50 tentativas que cada indivíduo da amostra realizou. Compara-se essa média como resultado do pós-teste, que apresenta sua média elevada para 30 acertos, em razão de apenas dois alunos melhorarem seu desempenho do pré-teste; o resultado deles era de apenas 10 acertos; posteriormente, passou a 50, e o restante do grupo não alterou sua *performance*. Não é possível afirmar que o grupo teve seu desempenho melhorado em 50% no pós-teste, pois somente 20% do grupo (dois alunos) melhoraram a execução do chute em 500% (10 para 50 acertos); o restante manteve o mesmo desempenho, o que não representa a evolução apontada pelos números puros (50%), mesmo que em média.

Em razão de exemplos como esse, para certificar a significância dos números levantados em relação ao número de sujeitos selecionados da amostra, faz-se obrigatório empregar os testes estatísticos que comprovam os resultados obtidos nos testes e avaliações. Exemplo:

Metodologia da Pesquisa em Educação Física

> A análise do desenvolvimento das habilidades realizou-se por meio de comparação entre as médias aritméticas (X) da situação inicial e final das habilidades investigadas. A possibilidade de incidência de "erro de amostragem", a qual poderia interferir no resultado, foi afastada pela confrontação ao teste de significância *t* de *student*, que garante 99% de credibilidade nos resultados dos testes (MATSUDO, 1984).

Aqui está um exemplo do Capítulo *Método*, em artigo de Mendonça (2007).

> A amostra foi constituída por 101 crianças (58 meninas e 43 meninos) de 11 e 12 anos de idade, regularmente matriculados em três escolas do município de Belo Horizonte/MG. A inclusão das crianças na amostra ocorreu por desejo em participar do estudo.
>
> As escolas escolhidas pertenciam às redes particular (E.P.), pública estadual (E.E) e pública municipal (E.M.) de ensino, localizadas na região noroeste, como demonstra a Tabela 1. Optou-se por essas escolas em virtude da sua proximidade geográfica.
>
> Tabela 1 – Número de indivíduos estudados relacionados por escolas e por sexo
>
> | | E.E. | E.M. | E.P. | Total |
> |----------|------|------|------|-------|
> | Meninas | 18,0 | 22,0 | 18,0 | 58,0 |
> | Meninos | 16,0 | 12,0 | 15,0 | 43,0 |
> | Total | 34,0 | 34,0 | 33,0 | 101,0 |
>
> Foram avaliadas as medidas de massa corporal (kg), estatura (cm) e IMC (kg/m^2). Para verificar a massa corporal, utilizou-se uma balança digital Tech Line (modelo BAL-150 PA) com precisão de 100 g. A balança foi colocada sobre uma superfície plana e calibrada momentos antes da coleta de dados de cada dia. Os escolares foram pesados de pé com roupa leve e sem calçados. O registro da medida de massa corporal ocorreu uma única vez.
>
> A estatura foi medida por uma trena FEELING de 5 m com precisão de 1 mm e fixada à parede. O voluntário manteve-se na posição ereta, pés descalços, unidos e apoiados no chão, olhando para frente. O registro ocorreu uma única vez com erro de +/– 1 cm.
>
> O índice de massa corporal (IMC) foi determinado pelo cálculo da razão entre a medida de massa corporal em quilogramas pela estatura em metros elevada ao quadrado [IMC= massa (kg)/ estatura (m)^2].
>
> Para verificar o índice de atividade física habitual (IAFH) dos alunos, utilizou-se o Questionário de Atividade Física Habitual (*Baecke Questionnaire of Habitual Physical Activity-BQHPA*) preconizado por Baecke et al. (1982) . Este é autoadministrado, tendo como período de referência os últimos 12 meses.

O questionário é composto por 16 questões distribuídas em três seções distintas, cada uma procurando estabelecer estimativas quanto a uma dimensão específica do índice de prática habitual de atividade física. As opções de respostas são codificadas mediante uma escala *Lickert* de 5 pontos, com exceção da ocupação profissional e da modalidade de esporte que pratica, quando for o caso.

A escala Likert consiste tipicamente de um conjunto de enunciados que expressam alguma afirmação sobre o objeto atitudinal, seguido de enunciado com alternativas que indicam o grau de concordância ou discordância em relação ao seu conteúdo. As alternativas são comumente em número de cinco. Cerca de metade dos enunciados deve ser positiva e outra metade, negativa. Um enunciado é positivo quando a concordância com o seu conteúdo corresponde a atitudes favoráveis; é negativo ao corresponder a atitudes desfavoráveis.

As questões de 1 a 8 constituem a primeira seção do questionário. Procuram abranger as atividades físicas diárias realizadas na escola e/ou no trabalho e representam o índice de prática de atividade física na escola. A questão 1 leva em conta o tipo de ocupação, classificado em três níveis de gasto energético: leve, moderado e elevado. Para essa classificação, utilizou-se o compêndio de atividades físicas proposto por Ainsworth et al. em 1993 e atualizado em 2000. Como toda amostra era constituída por estudantes, todos receberam escore = 1, que representa intensidade leve, segundo o compêndio. As outras questões (2 a 8) referem-se às atividades durante a escola e são bem objetivas: ficar sentado, ficar em pé, andar, carregar carga, sentir-se cansado após a escola e comparar fisicamente a escola com pessoas da mesma idade.

A segunda seção do questionário envolve as questões de 9 a 12, que reúnem informações quanto às atividades esportivas, aos programas de exercícios físicos e às práticas de lazer ativo e representam o índice de atividades físicas esportivas (IAFE).

O escore engloba, ainda, mais três questões (10 a 12) referentes à comparação das atividades físicas no lazer com pessoas da mesma idade, presença de suor nas horas de lazer e uma última pergunta sobre a prática de exercícios físicos sem regularidade nas horas de lazer.

A terceira seção do questionário (questões 13 a 16) visa obter informações relacionadas às atividades de ocupação do tempo livre e de locomoção e representa o índice de prática da atividade física na ocupação do tempo livre (IAFL). As questões referem-se às atividades de assistir à televisão (atividade sedentária), caminhar, andar de bicicleta, e uma última questão, aos minutos gastos por dia em atividades de locomoção (caminhar ou andar de bicicleta para ir e voltar do trabalho, escola ou compras).

O índice de atividade física habitual (IAFH) pode ser estabelecido pelo somatório dos índices encontrados em cada uma das três seções consideradas: IAFH = IAFT + IAFE + IAFL.

Para a aplicação do questionário, os alunos foram reunidos em uma sala de aula. Os participantes do estudo receberam o questionário com instruções e recomendações para o seu preenchimento; não foi estabelecido limite de tempo e as eventuais dúvidas manifestadas pelos alunos eram esclarecidas pelo pesquisador que acompanhava a coleta de dados. Durante o preenchimento do questionário, os alunos não se comunicaram entre si, na tentativa de evitar possíveis interferências indesejáveis em suas respostas.

Para avaliar a capacidade cardiorrespiratória, foi aplicado um teste de 9 minutos de corrida e/ou caminhada. Os alunos receberam informações e orientações sobre a execução correta dos testes, segundo a metodologia utilizada pelo PROESP (GAYA; SILVA, 2007). Foram orientados a correr o maior tempo possível, evitando piques de velocidade intercalados por longas caminhadas, a não parar ao longo do trajeto e caminhar quando fosse necessário, no caso de cansaço, por exemplo. Durante o teste, informou-se ao aluno a passagem do tempo aos 3, 6 e 8 minutos, e, neste último, o avaliador avisava que faltava um minuto. Ao final do teste, soava um apito, os alunos interrompiam a corrida e permaneciam no lugar onde estavam (no momento do apito), para que a distância percorrida fosse registrada.

O tratamento estatístico foi realizado pelo *software* Sigma Stat 3.5. Para análise das variáveis estatura, massa corporal, IMC e teste de 9 minutos, foi utilizada uma análise de variância TWO-WAY, com dois fatores de variação, sexo e escola, com *post hoc* de Tukey quando apropriado, com nível de significância adotado de $p < 0,05$. Para a análise do questionário de atividade física habitual, utilizou-se de recursos da estatística não paramétrica. Foi utilizado o teste de Kruskal-Wallis com *post hoc* de Dunn's, quando apropriado para comparar as escolas e o teste de Mann-Whitney para comparar os sexos.

O teste de Spearman foi usado para avaliar se havia correlação entre os resultados das variáveis IMC e teste de corrida e/ou caminhada de 9 minutos, com os resultados obtidos no questionário de atividade física habitual.

4.1.2.2.5 Resultados e discussão

Os **resultados** são apresentados em quadros, tabelas e gráficos, e a **discussão** dos resultados por meio de dissertação, que busca um sentido mais amplo, analisando os resultados e estabelecendo a ligação dos resultados de seu estudo com outros estudos relevantes, verificados anteriormente na revisão de literatura. Nesse momento, são elaboradas e redigidas as respostas às perguntas feitas no início do trabalho. É quando se indicam as implicações e os avanços que os resultados trazem para a área de conhecimento.

As tabelas apresentam dados quantitativos (numéricos), já os quadros listam as informações textuais. As tabelas não são fechadas nas laterais e suas colunas não são divididas por linhas verticais (a menos que haja necessidade). Nos quadros, linhas verticais delimitam e fecham as colunas, como se verifica nos modelos:

Tabela 3 – Desempenho relativo à intensidade de treinamento em mulheres de 50 a 60 anos

Amostra	População	Pré-teste	Treinamento	Pós-teste
Grupo 1	10	1500 m	65% FCmáx	1590 m
Grupo 2	10	1501 m	55% FCmáx	1750 m
Grupo 3	10	1499 m	50% FCmáx	1700 m

Quadro 3 – Objetivos da educação infantil

Professores	Objetivo da educação infantil
1	Proporcionar à criança vivências em um meio social diferente do familiar.
2	Incentivar a curiosidade, a vontade de saber e conhecer.
3	Estimular a sociabilização e a convivência em grupo.
4	Utilizar a linguagem oral e escrita na solução de problemas.

As ilustrações são normalmente figuras, gráficos, desenhos, mapas, fotografias etc., apresentadas e numeradas de acordo com a sua ordem no texto. Em caso de diversos tipos de ilustrações, o pesquisador deve elaborar uma lista para cada tipo de ilustração.

As ilustrações são numeradas com algarismos arábicos: Figura 1, Figura 2, Gráfico 4 etc., e também devem ser intituladas, como exposto a seguir:

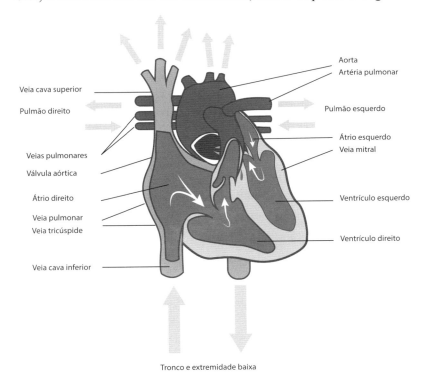

Figura 6 – Padrão do fluxo sanguíneo no coração.
Fonte: adaptada de Simão (2004, p. 18).

> Observação: é preciso indicar as fontes de figuras, tabelas e quadros retirados de obras, artigos e trabalhos acadêmicos utilizados na pesquisa: autor, data de publicação e página da obra ou documento. Essas informações são precedidas do termo "Fonte".
> Exemplo: Fonte: Fonseca (2002, p. 14).
> A fonte da figura deve ser incluída nas referências ao final do trabalho.

4.1.2.2.6 Conclusões ou considerações finais

Segundo Vera (1984, p. 172 apud SALOMON, 2001, p. 275), "[...] concluir um trabalho de investigação não é simplesmente colocar um ponto final. A conclusão, como a introdução e o desenvolvimento, possui uma estrutura própria".

A **conclusão** pode ser considerada a parte final do texto, na qual o pesquisador apresenta, sinteticamente, com base nos pressupostos teóricos que embasam o estudo, a análise e a contextualização dos resultados e as principais conclusões do trabalho.

As conclusões têm como características, conforme Cervo e Bervian (2002), a essencialidade, a brevidade e a personalidade.

O pesquisador, nesse momento, pode colocar um parecer pessoal (personalidade) com base no embasamento teórico a respeito dos resultados obtidos, expondo por meio de suas próprias palavras seu entendimento e ponto de vista sobre o assunto, e colocando sua marca pessoal, mesmo que redigindo de forma impessoal na terceira pessoa do singular.

Pode apresentar novos elementos a respeito dos conhecimentos sobre o tema, dando contribuições à área de conhecimento investigada, apontando e indicando relações do assunto com outros ramos do conhecimento e indicando relações com outros ramos da ciência.

É importante que o pesquisador não prolongue as conclusões (brevidade) e que as escreva em texto exato, firme e conciso, mostrando as relações entre os objetos de pesquisa estudados, ou seja, a relação entre as diferentes partes da argumentação, correlacionando as respostas das questões que orientam o estudo, isto é, a sinergia das ideias relatadas no estudo, culminando de forma precisa com a solução do problema de pesquisa, e descrevendo a resenha interpretativa dos pressupostos apresentados no estudo, ponto de chegada e síntese de toda a reflexão, para possibilitar a convicção dos hesitantes (essencialidade).

O estudo pode terminar com algumas sugestões para pesquisa futura, ou uma proposição de outros problemas descobertos pela investigação. Esse não é apenas um gesto ritual, é também um meio de apontar quanto os dados contribuíram para esclarecer os problemas investigados, indicando, uma vez mais, as limitações da investigação.

Exemplo de conclusão:

CONCLUSÃO

O treinamento de força, independentemente do sexo e da idade, resulta em ganhos de força; os jovens, porém, adquirem níveis mais significativos dessa capacidade em relação aos idosos em um mesmo período de treinamento.

O período de destreinamento apresenta influência na perda de força somente após um período de 6 meses, acometendo tanto idosos como jovens. Entretanto, os idosos apresentam uma redução maior da força em relação aos jovens, e as mulheres idosas têm uma redução mais acentuada do que os homens idosos.

Levanta-se um aspecto de suma importância sobre o treinamento de força, pois foi observado que, mesmo após o destreinamento, o nível de força de idosos e jovens permanece acima do encontrado no início do programa de treinamento, ou seja, os benefícios do treinamento de força, mesmo que mínimos, perduram por um longo tempo, demonstrando a relevância deste para as pessoas, principalmente os idosos, que, em razão da perda de força causada pela idade, são vítimas de diversos problemas, como perda de equilíbrio e massa muscular, que podem originar acidentes com consequências graves às pessoas de idade avançada.

Na conclusão, observa-se a objetividade da redação, evidenciada pela brevidade das considerações finais e pela apresentação de argumentos sem citações de autores, o que acarreta um texto que mostra personalidade (algumas vezes, quando necessário, são trazidas à conclusão citações de autores, para elucidar os argumentos) e essencialidade na solução do problema e do conhecimento e entendimento sobre o tema "destreinamento de força", descritos no último parágrafo. A seguir, mais um exemplo:

CONSIDERAÇÕES FINAIS

As crianças trazem para o jogo seus desejos e vontades, advindos e construídos ao longo de sua história de vida, mostrando suas tendências, caráter e personalidade, quando jogam, o que garante ao jogo um lugar na estratégia educativa, ao impactar os motivos intrínsecos e extrínsecos do ser humano.

A força, influência e padrões de cada motivo são identificados pela maneira de cada indivíduo perceber o mundo, portanto, os fatores motivacionais são subjetivos. Neste momento, é imprescindível lembrar Freire (1989, p. 78) ao relatar que os sentimentos se formam com a vida, "[...] assim, se não nascemos definidos, nosso amor, nosso ódio ou compreensão, serão produtos de nossa relação como mundo". Dessa forma, cabe aos educadores conceber o jogo e as aulas de Educação Física de maneira mais coerente, sensata, relevante, motivante e, sobretudo, transformadora.

> As crianças são intrinsecamente motivadas, quando solicitadas suas competências sem tarefas significativas, como os jogos de sua cultura. Desse modo, o educador, na condução dos jogos nas aulas, a fim de evitar situações de fracasso, deve atentar que, no processo de aprendizagem, o êxito no alcance dos objetivos é estabelecido por critérios pessoais, já que os resultados constituem-se em referência para as próximas experiências de aprendizagem e desenvolvimento de competências. Deve-se considerar o nível de desenvolvimento dos sujeitos da aprendizagem, estabelecendo metas e etapas a serem atingidas, para que as frustrações sejam minimizadas e as oportunidades de sucesso se tornem mais frequentes.
>
> Dessa forma, pode-se inferir que o jogo, além de contribuir ao desenvolvimento integral da criança, também constitui um fator motivacional da aprendizagem ao trazer desafios, significados, realizações e divertimento às práticas corporais das crianças e despertar o desejo de participação nas atividades, tornando-se fundamental sua utilização nas aulas esportivo-educacionais, que objetivam a formação integral do cidadão.

Nesse exemplo, também se verificam a **brevidade** e a **subjetividade** das considerações finais, pela internalização dos conceitos e ideias estudados durante a pesquisa. Nos três primeiros parágrafos, o autor descreve a relação entre as questões que orientam o estudo, ao relatar a importância do jogo para a criança, o que interfere na motivação das pessoas (motivo) e o que e como se motivam as crianças, demonstrando que a compreensão do jogo é fundamental para o profissional que pretende utilizá-lo como forma de motivação para aprendizagem. No último parágrafo, o autor apresenta a solução do problema de pesquisa e enfatiza a descoberta para a sociedade (**essencialidade**).

4.1.2.3 Elementos Pós-textuais

Segundo a NBR 14724 (ABNT, 2011), os **elementos pós-textuais** são as referências, os apêndices, os anexos, o glossário e o índice.

4.1.2.3.1 Referências

Elemento obrigatório, conforme a NBR 6023 (ABNT, 2002a), é o conjunto padronizado de elementos descritivos retirados de documentos citados no corpo do texto, que permite sua identificação e localização em livrarias e bibliotecas. Em razão de sua relevância, as referências serão abordadas no Capítulo VI deste livro, elaborado para demonstrar as regras da construção das referências.

4.1.2.3.2 Apêndices

Para Sá et al. (2000, p. 53), os **apêndices** são suportes educativos ou ilustrativos, elaborados pelo autor da pesquisa, elementos opcionais para complementar ou ilustrar o que é apresentado no texto; é critério do autor inserir ou não no trabalho acadêmico.

Os apêndices são identificados por letras maiúsculas, seguidas por travessão e títulos. Terminado o alfabeto, utilizam-se letras dobradas na identificação.

APÊNDICE A – Questionário respondido pelas professoras de educação infantil a respeito da contribuição dos jogos e brincadeiras no desenvolvimento socioafetivo de crianças de 0 a 3 anos.

APÊNDICE B – Termo de consentimento de realização da pesquisa.

APÊNDICE AA – Estrutura da entrevista.

4.1.2.3.3 Anexos

Elementos opcionais que são acrescentados ao texto quando imprescindíveis à interpretação do estudo. Podem consistir em documentos, normas, fotografias, entrevistas, quadros, tabelas ou elementos esclarecedores, não elaborados pelo autor, para fundamentação, comprovação e/ou ilustração.

Os **anexos** são identificados por letras maiúsculas, seguidas por travessão e pelos títulos. Esgotando as 23 letras do alfabeto, utilizam-se letras dobradas na identificação. Exemplos:

ANEXO A – Os jogos matemáticos e a estruturação espacial.

ANEXO B – Tabela de quilocalorias (kcal) dos alimentos.

ANEXO AA – Tabela de jogos do campeonato.

4.1.2.3.4 Glossário

Elemento opcional que consiste na relação de termos técnicos de uso restrito, palavras especiais ou de significação dúbia contidas no trabalho, acompanhados do significado que lhes foi atribuído (SÁ et al., 2000).

4.1.2.3.5 Índice

Lista opcional de palavras ou frases, ordenada segundo determinado critério, que localiza e remete para as informações contidas no texto (ABNT, 2011).

4.2 TÍTULO

O **título** da pesquisa não se enquadra nas classificações de pré-textual, textual e pós-textual. Entretanto, é um aspecto importantíssimo por representar todo o trabalho de forma estritamente sintetizada, indicando o assunto do estudo; como ressalta Severino (2003, p. 160), "é uma nomeação do tema da pesquisa".

Para Thomas e Nelson (2002, p. 58), "o propósito do título é informar o conteúdo, mas isso deveria ser feito o mais sucintamente possível".

Dessa forma, um bom título de pesquisa informa o leitor sobre o assunto do estudo, dando ideia da temática específica abordada. O título é composto pelo tema da pesquisa (título geral), seguido de subtítulo técnico, mais específico, como se verifica nos exemplos:

EDUCAÇÃO FÍSICA ESCOLAR: CONSTRUINDO O MOVIMENTO NA ESCOLA

JOGO SIMBÓLICO: UM ESTUDO SOBRE O BRINCAR DA CRIANÇA EM AMBIENTES EDUCACIONAIS DIFERENTES

BRINCAR DE ESCOLINHA: A CONSTRUÇÃO DA REPRESENTAÇÃO NA INTERAÇÃO DE CRIANÇAS EM CRECHES

Durante um bom tempo, as pesquisas da Educação Física tinham por costume apresentar títulos em forma de confronto, com o símbolo de *versus* (X) intermediando dois termos ou conceitos. Essa prática não é recomendada, porque muitas vezes o título assim redigido expressa o contrário do que pretende representar: o título significa um conceito, e esse tipo de titulação indica algo que é contra o conceito exposto posteriormente ao símbolo (X), ou seja, um *versus* o outro. Alguns exemplos de títulos desse tipo: *Natação X Força*, *Ginástica Aeróbia X Flexibilidade*.

Os títulos formulados dessa forma não exprimem o que o estudo abordou, pois inúmeras vezes a pesquisa procura investigar os benefícios ou a relação entre a natação e o desenvolvimento de força, e não afirmar que a natação se coloca contra a força, como o título representa. No segundo exemplo, sob o título *Ginástica Aeróbia X Flexibilidade*, o autor pode ter como objetivo verificar a influência positiva da ginástica aeróbia no aumento da flexibilidade dos praticantes de tal atividade física, e o título do trabalho expressa exatamente o oposto. Portanto, deve-se ter atenção na elaboração do título da pesquisa.

Outra forma bastante comum de apresentar o título é utilizar o problema de pesquisa para identificar o estudo, formulando-o em forma afirmativa. Por exemplo:

> Problema de pesquisa: Qual a influência da musculação na estabilização da perda de massa óssea, na terceira idade?
>
> Título da monografia: Influências da musculação na estabilização da perda de massa óssea.
>
> O título poderia ser mais sucinto: A musculação no controle da massa óssea.

Alguns autores utilizam títulos-fantasia, que, de forma descontraída, mas eficiente, representam todo o estudo. Um bom exemplo é *Tia, me deixe brincar...*, título de um trabalho que investiga as brincadeiras das crianças nas escolas de educação infantil e constata que as professoras impedem as brincadeiras e a movimentação de seus alunos. Assim, o título, apesar de alegre e despojado, representa, com rigor, o problema estudado pela autora.

Inicia-se a pesquisa com um título provisório, mas, como são muitas as opções, recomenda-se que o título seja o último item a ser definido, para abranger tudo o que foi estudado e relatado na pesquisa.

Estrutura do Projeto de Pesquisa

CAPÍTULO V – ESTRUTURA DO PROJETO DE PESQUISA

Os programas de pós-graduação *stricto sensu* (mestrado e doutorado), em grande maioria, solicitam para a inscrição no processo seletivo a apresentação de Projeto de Pesquisa, entre outras formas de avaliação, como provas, currículo, entrevistas etc. Os órgãos e as instituições de fomento à pesquisa, como CAPES, CNPq, FAPESP etc., também exigem **Projetos de Pesquisa** para concessão de bolsas de estudo ou financiamento aos pesquisadores.

O Projeto de Pesquisa é um guia, uma orientação para o pesquisador, demonstrando onde e como pretende chegar com a pesquisa. O projeto é um mapa, e não uma camisa de força. Assim, o proposto inicialmente é flexível, porque, com o desenvolvimento do estudo, o traçado pode e deve ser alterado.

Dessa forma, apresentam-se subsídios teóricos e práticos para a estruturação e redação de Projeto de Pesquisa, condizentes com as normas, padrões e exigências acadêmicas e dos órgãos de fomento à pesquisa, descrevendo os elementos, técnicas, sistematização e procedimentos na elaboração de Projetos de Pesquisa para ingresso nos cursos de pós-graduação *stricto sensu* (mestrado e doutorado).

5.1 PROJETO DE PESQUISA

Projeto, do latim *projectu*, particípio de *projicere*, significa "lançar para diante", plano, intento, empreendimento. **Projeto** é uma antecipação, uma referência a um futuro a concretizar, uma ideia a transformar em ato, e não uma representação ou imaginação (NEIRA, 2004). O Projeto de Pesquisa consiste em plano ou estratégia lógica de estudo para solucionar um problema de pesquisa, responder a questões, descrever situações ou provar hipóteses, ou seja, um modelo operacional ou metodológico que orienta a pesquisa a alcançar os resultados.

Segundo Ferrari (1982), a pesquisa científica envolve uma série de condições e operações que se desenvolvem por etapas, conseguida por meio do planejamento adequado. Tem uma fase preparatória que consiste no Projeto de Pesquisa, o qual estabelece diretrizes e estratégias da investigação. Apesar de reconhecer a importância de manter certo grau de flexibilidade na pesquisa, a estruturação do Projeto é imprescindível para o sucesso da pesquisa. Em pesquisa, nada se faz ao acaso: o planejamento é fundamental para o pesquisador não se perder no emaranhado de teorias, dados e dúvidas.

O Projeto de Pesquisa, de acordo com Cervo e Bervian (2002), favorece a comunicação clara e eficiente, ordenando as ideias e disciplinando a mente antes de descrevê-las, prevendo os caminhos a trilhar ou evitar, distinguindo os objetos de estudo, considerando as teorias, os recursos, as pessoas e os equipamentos, estabelecendo as ações e relações necessárias à investigação. A eficiência e a originalidade da pesquisa científica são resultado da reflexão e do esforço na elaboração do Projeto de Pesquisa.

O Projeto de Pesquisa tem como finalidade delimitar e demonstrar o assunto, o quadro teórico, o caminho a ser percorrido, as etapas a serem cumpridas e os instrumentos e as técnicas a serem empregados no estudo, o que possibilita ao pesquisador disciplinar os procedimentos, organizar o tempo e cumprir os prazos.

Na elaboração do projeto de pesquisa, é fundamental a análise da bibliografia sobre o tema, o contato com o campo de estudo e também com o conhecimento tácito – aquilo que o pesquisador sabe sobre o tema, para orientar o que observar. Assim, o pesquisador começa a reunir informações e conhecimentos sobre o tema que subsidiam escrever o projeto.

Acredita-se que a melhor e mais eficaz forma de elaborar o Projeto de Pesquisa é a formulação de questões como: "Quem?", "O quê?", "Para quê?", "Para quem?", "Por quê?", "Como?", "Com quê?", "Onde?", "Quando?", "Com quanto?", que, respondidas, descrevem detalhadamente todos os elementos constitutivos do Projeto.

Descreve-se aqui uma estrutura geral de Projeto de Pesquisa, com os elementos essenciais, baseando-se em Lakatos e Marconi (1985), Luna (2002), Proetti (2002) e Severino (2003) e nas principais Universidades do Brasil (USP, Unicamp, PUC, Unesp, UFRJ, UFMG, UFF, entre outras), que apresentam subsídios e normas para a elaboração de Projetos de Pesquisa.

Entretanto, cada programa de pós-graduação determina suas normas, o que impede qualquer padronização ou sistematização.

Na sequência, apresentam-se os elementos e as diretrizes gerais que o Projeto de Pesquisa deve conter, considerando as exigências das instituições de Ensino Superior com programas de pós-graduação *stricto sensu*.

5.1.1 Capa (quem?)

Na **capa**, devem constar os itens:

- *Entidade*: instituição de Ensino Superior a que se destina o projeto: universidade, faculdade e o programa de pós-graduação.
- *Título*: título e subtítulo provisório da pesquisa sintetizam o conteúdo do estudo. Exemplo: *Musculação na terceira idade* (título): controle da massa óssea (subtítulo); ou *Jogos na Educação Infantil* (título): estímulo aos fatores psicomotores (subtítulo).
- *Autor do Projeto de Pesquisa*: nome completo do pesquisador.
- *Local e data*: cidade da instituição de Ensino Superior e ano da apresentação do projeto.

5.1.2 Resumo

Síntese das informações mais importantes do projeto, com os elementos: fatores (cenário) que levaram à pesquisa (determinação e delimitação do tema), o que será investigado (problema), finalidade do estudo (objetivos) e como se desenvolverá a pesquisa (metodologia).

5.1.3 Introdução

5.1.3.1 Determinação e Delimitação do Tema e Formulação do Problema (o quê? para quem?)

Neste momento do Projeto, realiza-se a apresentação da área temática, define-se o que será investigado **e** analisado, demonstrando o cenário que motivou a abordagem do assunto (antecedentes do problema), explicitando os aspectos que originaram a preocupação com o assunto, como pesquisas sobre o tema, fatos do cotidiano e contradições entre teorias sobre o assunto, descrevendo o que já foi tratado a respeito dele, formulando uma análise crítica da bibliografia.

Deve-se restringir o máximo possível sobre o tema, delimitando o assunto, o sujeito e o objeto da pesquisa, além de especificar seus limites. De acordo com Salvador (1980 apud LAKATOS; MARCONI, 1985, p. 46), "sujeito é a realidade a respeito da qual se deseja saber alguma coisa"; pode constituir-se de objetos, fatos, fenômenos ou pessoas que a pesquisa pretende apreender ou agir sobre. Por exemplo, equipamentos e materiais esportivos, Educação Física escolar, capacidade física, habilidades motoras, dieta, atletas, alunos, terceira idade ou adolescentes. O objeto da pesquisa consiste no que se deseja saber ou realizar sobre o sujeito. "É o conteúdo que se focaliza, em torno do qual gira toda a discussão ou indagação". Por exemplo, violência, *dopping*, motivação, *performance*, lesões, aprendizagem, treinamento ou desenvolvimento.

Exemplo:

Lesões (conteúdo) **de atletas** (sujeitos)

Motivação (conteúdo) **no treinamento** (sujeito)

Desenvolvimento (conteúdo) **na Educação Física escolar** (sujeito)

Para delimitar o tema, distinguindo os sujeitos e objetos de pesquisa, pode-se:

- Apor adjetivos aos sujeitos e objetos, designando qualidade, condições ou estado. Exemplos:

Lesões (conteúdo) **articulares** (adjetivo explicativo) de atletas (sujeitos)

Motivação (conteúdo) **atual** (adjetivo restritivo) no treinamento (sujeito)

Desenvolvimento (conteúdo) **socioafetivo** (adjetivo explicativo) na Educação Física escolar (sujeito)

- Inserir complementos nominais de especificação, delimitando ação ou sentimento que os substantivos ou adjetivos designam. Exemplos:

Lesões (conteúdo) articulares (adjetivo explicativo) de atletas (sujeitos) **de futebol** (complemento nominal)

Motivação (conteúdo) atual (adjetivo restritivo) no treinamento (sujeito) **físico** (complemento nominal)

Desenvolvimento (conteúdo) socioafetivo (adjetivo explicativo) na Educação Física escolar (sujeito) **da educação infantil** (complemento nominal)

- Determinação de circunstâncias, limitando o tempo e o espaço do tema. Exemplos:

Lesões (conteúdo) articulares (adjetivo explicativo) de atletas (sujeitos) de futebol (complemento nominal) **nos finais de semana** (determinação de circunstâncias)

Motivação (conteúdo) no treinamento (sujeito) físico (complemento nominal) **durante a competição** (determinação de circunstâncias)

Desenvolvimento (conteúdo) socioafetivo (adjetivo explicativo) **durante os jogos** (determinação de circunstâncias) das aulas de Educação Física escolar (sujeito), na educação infantil (complemento nominal) **do município de Barra Bonita (SP)** (determinação de circunstâncias)

Na sequência, é necessário definir o problema de pesquisa, que explicita a dúvida central a ser resolvida pela pesquisa. O problema científico deve:

- relacionar pelo menos duas variáveis;
- ser empiricamente verificado;
- formulado em forma de pergunta;
- corresponder a interesses pessoais, sociais e científicos;
- poder ser investigado sistemática, controlada e criticamente.

- Exemplos:

> Quais os tipos de lesões articulares de atletas de futebol nos finais de semana? Quais os fatores que interferem na motivação no treinamento físico durante a competição?
>
> Os jogos das aulas de Educação Física infantil do município de Barra Bonita (SP) estimulam o desenvolvimento socioafetivo das crianças?

Podem ser encontrados explicações e exemplos no Capítulo II.

5.1.3.2 Objetivos Gerais e Específicos (para quê?)

Os propósitos de estudo devem ser descritos de forma clara e operacionalizada, pois guiarão todo o trabalho a ser desenvolvido (método, instrumentos, materiais, procedimentos etc.). Essa etapa apresenta **para quê** realiza-se a pesquisa, relatando o que o trabalho visa alcançar, aonde pretende chegar, as possibilidades e intenções do estudo.

Exemplos: identificar os fatores que motivam os atletas; comparar a motivação dos atletas no treinamento físico e no treinamento tático; comprovar os aspectos pedagógicos dos jogos; verificar o número de lesões; identificar o tipo e classificar a gravidade das lesões; classificar os jogos vivenciados nas aulas de Educação Física infantil e diagnosticar os aspectos socioafetivos estimulados.

Podem ser encontrados explicações e exemplos no Capítulo II.

5.1.3.3 Justificativa da Escolha dos Objetos de Estudo (por quê?)

Aqui se delimita o **porquê** da pesquisa, demonstrando sua importância para a comunidade e, principalmente, sua relevância social e científica, enfatizando as contribuições teóricas que ela pode trazer, inferir e sugerir as modificações que pode acarretar, bem como descrever e relacionar o estágio da teoria com as possibilidades da pesquisa.

É o momento de o pesquisador utilizar-se dos seus conhecimentos para criativamente convencer os leitores da relevância de sua pesquisa na esfera profissional, acadêmica e social.

Podem ser encontrados explicações e exemplos no Capítulo II.

5.1.3.4 Hipóteses (o que pretende demonstrar?)

Esse item do projeto é a resposta provável, suposta e provisória ao problema de pesquisa. A hipótese consiste na ideia central que a pesquisa pretende revelar, baseando-se no quadro teórico que sustenta a investigação científica. Deve-se ter atenção, conforme Severino (2003), para não confundir hipótese com pressupostos, pois hipótese é **o que se pretende demonstrar,** e não o que já se tem claro e evidente (pressupostos).

Lakatos e Marconi (1985, p. 104) propõem algumas formas de hipóteses:

- afirmar em dada situação a presença ou ausência de certos fenômenos. Exemplo: **nos jogos coletivos das crianças, ocorrem situações de conflitos** que solicitam a superação por meio da cooperação entre as crianças, levando-as ao desenvolvimento socioafetivo;
- apontar a natureza ou características de dados e fenômenos, em uma situação específica. Exemplo: a motivação é maior **quando ocorrem os treinos de velocidade**;
- apontar a existência ou não de determinadas relações entre eventos. Exemplos: nos dias de chuva, as lesões no joelho são predominantes ou, nas partidas de campeonatos, a porcentagem de lesões é maior;
- prever variações concomitantes, diretas ou inversas, entre fenômenos. Exemplo: **ao aumentar a intensidade** do treinamento, **a motivação é menor.**

Podem ser encontrados explicações e exemplos no Capítulo II.

5.1.4 Base teórica ou quadro teórico

O Projeto de Pesquisa deve apresentar um **quadro teórico**: princípios, pressupostos, categorias e conceitos relacionados ao tema, que fundamentem a pesquisa e sirvam ao pesquisador como diretrizes para a reflexão e interpretação dos dados recolhidos.

As **bases teóricas** e os conceitos a serem utilizados na pesquisa devem ser coerentes e compatíveis com o problema e os objetivos do estudo.

5.1.5 Método (como?, com quê?, onde?, quantos?)

Método é a sistematização dos processos de pesquisa, deve anunciar o tipo e o método de pesquisa, definir as técnicas, instrumentos e procedimentos para solucionar o problema de pesquisa, ou seja, **como** a pesquisa será realizada.

5.1.5.1 Método de Abordagem (como?)

Mencionar o tipo de pesquisa (direta ou empírica e indireta ou teórica) e o **método de abordagem**: dedutivo, indutivo, hipotético-dedutivo ou dialético. No Capítulo I, encontram-se descrições e explicações de cada um dos métodos.

5.1.5.2 Método de Procedimentos (como?)

Descrever como o estudo será realizado, relatando o **método de procedimento** de pesquisa: descritivo, experimental, bibliográfico, etnográfico, fenomenológico etc. Os métodos de procedimentos mais empregados nas pesquisas em Educação Física são explicitados no Capítulo I.

Ao descrever o método de procedimento, deve-se relacioná-lo com os objetivos do estudo e a teoria que alicerça a pesquisa, isto é, deve estar claro o porquê da escolha de tal método.

5.1.5.3 Sujeitos – Amostra (quem?)

Informar, conforme Pontifícia Universidade Católica de São Paulo (PUC-SP, 1997), o número de **sujeitos (quantos)** que compõem a amostra e o perfil (características) **(quem)**: sexo, idade, condição profissional, classe social (nível de escolaridade ou outras características consideradas importantes para o estudo) e demonstrar os critérios para a seleção da amostra, como relatados no Capítulo 2.

5.1.5.4 Técnicas ou Instrumentos (com quê?)

Descrever os **instrumentos** que serão utilizados (questionário, entrevista, formulário, testes, avaliações, medidas de opinião e atitude ou observação) para coleta de dados, explicitando os elementos constitutivos ou modelos dos instrumentos. Exemplos no Capítulo II.

5.1.5.5 Procedimentos de Pesquisa (onde?, quando?)

São os **procedimentos** mais restritos que operacionalizam os métodos e a técnica, detalhando local, dia, hora, materiais necessários e o processo de coleta de dados. Segundo PUC-SP (1997), o Projeto de Pesquisa exige definições precisas para poder avaliar sua exequibilidade e para dimensionar tempo, recurso etc. Portanto, se a pesquisa demandar levantamento de documentos, materiais impressos, fotos, filmes etc., é necessário indicar as fontes e a disponibilidade de consulta. No Capítulo II deste livro, encontram-se mais informações a respeito deste item.

5.1.5.6 Procedimentos de Análise (como?, quantos?)

Explicitação do tratamento e análise que serão empregados para codificar e tabular os dados levantados, partindo das teorias e metodologias que balizam a pesquisa.

No caso de análise qualitativa, descrever como dispor os dados e o tipo de análise a proceder (análise de conteúdo). No caso de análise quantitativa, detalhar as frequências (proporção e porcentagens), medidas de tendência central (média, mediana, moda etc.), dispersão (variância, desvio padrão, coeficiente de variação etc.), comparação e correlação de frequências e os testes estatísticos de significância (*t* de *student*, quiquadrado), bem como a forma como serão apresentados os dados (gráficos, tabelas, quadros). Detalhamento e explicações no Capítulo II.

5.1.6 Cronograma de execução (quando?)

O **cronograma** tem a função de organizar as fases da pesquisa e estabelecer metas a serem cumpridas em relação aos prazos estabelecidos para a conclusão da pesquisa.

Deve-se detalhar a sequência das etapas, as partes e a previsão de tempo da execução, por meio de um Quadro ou Cronograma com a apresentação das etapas da pesquisa e o período de tempo (meses) necessário para a etapa, como mostra o Capítulo II.

5.1.7 Referências

Lista das obras e documentos citados no Projeto de Pesquisa. A seguir, seguem normas gerais para a elaboração das **referências**. Mais explicações e exemplos são apresentados no Capítulo VI.

As referências são alinhadas somente à margem esquerda do texto. No Word, utiliza-se o espaçamento simples entre linhas na referência e espaçamento duplo entre as referências, a fim de identificar cada um dos documentos utilizados.

Elementos essenciais das referências: autor(es) ou instituição(ões) (EM LETRAS MAIÚSCULAS), título (em **negrito**, *itálico* ou <u>sublinhado</u>), subtítulo (se houver), edição, local, editora e data de publicação.

Elementos complementares: tradutor, organizador, editor, ilustrador etc., páginas, volumes, ilustrações (tabelas, figuras e gráficos), entre outros.

Exemplos:

MAGILL, R. A. **Aprendizagem motora**: conceitos e aplicações. 5. ed. São Paulo: Edgard Blücher, 1998.

SCHMIDT, R.; WRISBERG, C. **Aprendizagem e performance motora**. 2. ed. Porto Alegre: Artmed, 2001.

Observar no exemplo: MAGILL [sobrenome do autor], Richard [nome do autor], **Aprendizagem motora:** [título do livro], conceito e aplicações [subtítulo], 5. ed. [número de edição da obra], São Paulo [local da publicação], Edgard Blücher [editora] e 1998 [ano da publicação].

5.1.8 Anexos

Documentos, normas, fotografias, entrevistas, quadros, tabelas ou elementos esclarecedores não incorporados ao corpo do texto, indispensáveis à interpretação do Projeto de Pesquisa.

As perguntas do questionário, diagramas descrevendo testes motores, fotos de movimentos e leis são bons exemplos de anexos de Projeto de Pesquisa. Mais detalhes no Capítulo IV.

5.1.9 Observações

- A estrutura do Projeto de Pesquisa descrita é um modelo geral e não se aplica a todos os programas de pós-graduação *stricto sensu* do país. É fundamental que o autor conheça profundamente o programa, as linhas de pesquisa, as disciplinas e o corpo docente do curso de pós-graduação ao qual remeterá seu projeto de pesquisa, pois as exigências quanto aos elementos, formatação, estrutura, normas e temas do Projeto de Pesquisa são de responsabilidade do programa de pós-graduação *stricto sensu*.

- De acordo com a natureza da pesquisa e/ou programa, o roteiro de Projeto de Pesquisa pode ser ampliado, reduzido ou redigido em outra ordem.

- Os itens relatados no Projeto podem ser alterados no decorrer da pesquisa, acrescentando objetivos, fontes bibliográficas etc.

- Não confundir Projeto de Pesquisa com Projeto de Trabalho. O primeiro estrutura um plano de investigação, de pesquisa científica, e o segundo, uma proposta de ação profissional, com estruturas bem diferenciadas.

- Muitos elementos do Projeto de Pesquisa irão compor a introdução do relatório final (Monografia, Dissertação ou Tese): problema, objetivos, hipóteses e justificativa. Outros serão itens da Revisão de Literatura (quadro teórico) e do Método (amostra e procedimentos), demonstrando que o Projeto é fator determinante na estruturação da pesquisa, como mostra o exemplo:

Metodologia da Pesquisa em Educação Física

PONTIFÍCIA UNIVERSIDADE CATÓLICA

JOGOS E BRINCADEIRAS NA EDUCAÇÃO INFANTIL: BALANÇO DA PRODUÇÃO DISCENTE DOS PROGRAMAS DE PÓS-GRADUAÇÃO EM EDUCAÇÃO

ADRIANO JOSÉ ROSSETTO JÚNIOR

SÃO PAULO
2003

Estrutura do Projeto de Pesquisa

RESUMO

O estudo analisará as teses de doutorado e as dissertações de mestrado, que representam parte das produções acadêmicas dos discentes dos cursos de pós-graduação em Educação, que abordam a questão dos jogos e das brincadeiras na educação infantil. A pesquisa será realizada com base em levantamento bibliográfico das teses e dissertações defendidas no período de 1981 a 2001, nos programas de pós-graduação brasileiros, buscando verificar as principais tendências dessa produção. Primeiramente, será efetuada uma pesquisa documental, com levantamento e descrição do quantitativo das produções acadêmicas que analisam o tema em tela, para identificar as características de tais pesquisas, tendo como fonte de dados o catálogo de teses e dissertações do CD-ROM da ANPEd, abrangendo o período de 1981 a 1998. Em um segundo momento, realizar-se-á análise qualitativa das dissertações e teses defendidas na Universidade de São Paulo, Pontifícia Universidade Católica de São Paulo e Universidade Estadual de Campinas, ampliando-se o período coberto até 2001. Como a pesquisa exige uma ampla e profunda revisão bibliográfica, objetiva-se, ao mapear e interpretar as produções acadêmicas relacionadas aos jogos na educação infantil, verificar conceitos referentes à área temática, apontados pela produção de discentes dos programas das três universidades mencionadas, verificar como os autores incorporam os referenciais teóricos, analisar as relações estabelecidas entre o jogo e a organização da educação infantil, bem como apontar hipóteses para novas pesquisas.

1 INTRODUÇÃO

Nos dias atuais, da educação infantil aos meios acadêmicos, lê-se e ouve-se muito a respeito do lúdico como conteúdo pedagógico e estratégia de ensino, observando-se uma enorme gama de textos, obras, cursos de especialização, oficinas, *workshops* e até mesmo congressos e seminários a respeito do jogo e da brincadeira na educação, o que desperta o interesse em pesquisar a relação dos jogos e das brincadeiras com a educação infantil.

Na tentativa de diagnosticar a origem e a motivação de tantos trabalhos em relação ao lúdico na escola de educação infantil, seria inevitável e necessário organizar e verificar dois eixos de análise: um deles seria o de se averiguar as questões políticas que permitiram maior destaque à educação infantil no cenário educacional brasileiro. Um segundo, o de verificar como a produção acadêmica tem tratado essa questão.

Percebe-se que o papel do lúdico na educação infantil tem sido muito enfatizado, tanto na produção teórica como nos documentos oficiais.

Com relação às políticas, ao se analisar o Referencial Curricular para a Educação Infantil (BRASIL, 1998), por este ser o mais abrangente atualmente, em razão de se ancorar e utilizar como referenciais vários outros documentos, leis e pareceres a respeito da educação infantil, como podem ser observados na sua referência bibliográfica, observa-se a respeito do lúdico na educação infantil que a orientação é transformar os jogos e as brincadeiras em atividades de rotina diária para que se tornem prática cotidiana e permanente

Metodologia da Pesquisa em Educação Física

nas diferentes faixas etárias. Nesse sentido, recomenda-se que o professor organize os espaços na sala de aula e fora dela, disponibilizando equipamentos e materiais para que as crianças explorem e exerçam sua imaginação e criatividade nas brincadeiras e jogos.

Os Referenciais Curriculares apontam os jogos e as brincadeiras como forma importante de expressão, interação social, pensamento e comunicação, afirmando ainda que os jogos e as brincadeiras revelam a cultura corporal[1] de cada grupo social no qual o movimento é aprendido com significado, favorecem a autoestima da criança e a interiorização de comportamentos do grupo social no qual está inserida, transformando-se em um espaço singular de sua constituição. Advertem que os professores devem intervir intencionalmente na organização de situações de brincadeiras e jogos diversificados para possibilitar às crianças escolherem temas, papéis, objetos e amigos com quem realizar as atividades e "assim elaborarem as emoções, sentimentos, conhecimentos e regras sociais" (BRASIL,1998, v. I, p. 29).

Além desse aspecto político, de atribuir relevância aos jogos na educação infantil, também na produção bibliográfica brasileira sobre as atividades lúdicas, tem-se procurado apontar o papel, a função, o espaço e o tempo que as atividades lúdicas ocupam na educação infantil.

Em sua pesquisa sobre as pré-escolas, Wajskop (2001) averiguou que os professores impediam que os alunos corressem, pediam constantemente silêncio e organização, os espaços, o tempo e o material destinados aos jogos e às brincadeiras, principalmente os motores, não eram ideais para as crianças dessa fase escolar. Para Wajskop (2001), alicerçada nas obras de Vygotsky (1982, 1988), o jogo e a brincadeira são atividades sociais da criança que se desenvolvem nas experiências e interações sociais que estabelecem com a experiência sócio-histórica dos adultos; nesse sentido, o lúdico é uma atividade humana em que as crianças são introduzidas, constituindo um modo de assimilar e recriar o contexto sociocultural no qual estão inseridas.

Galvão (1995), baseada nas teorias de Wallon, chegou a conclusões semelhantes, indicando ainda que o espaço organizado para as crianças na pré-escola não era adequado para o lúdico e o desenvolvimento motor e que os professores não respondiam adequadamente às solicitações e necessidades psicomotoras infantis.

Por sua vez, Pereira (1993), também adotando a teoria psicogenética de Wallon, constatou que as atividades propostas pelo professor não atingiam as necessidades psicomotoras das crianças, impondo a contenção do movimento e das atividades lúdicas livres, enquanto as crianças demonstravam intenção de ampliar os movimentos e as atividades, o que acarretava conflitos entre professores e alunos. Esses procedimentos não favoreciam o desenvolvimento da personalidade em virtude da exigência de estabilidade e controle das atividades pelas crianças, o que estava além de suas capacidades.

---

[1] A expressão "cultura corporal" está sendo utilizada para denominar o amplo e riquíssimo campo da cultura que abrange a produção de práticas expressivas e comunicativas externalizadas pelo movimento (BRASIL, 1998).

Kishimoto (2001, p. 8) afirma que na educação infantil as atividades são fragmentadas e pouco relevantes para a educação e o desenvolvimento infantil. Não há expressão das necessidades individuais e coletivas, prevalecendo atividades iguais para todas as crianças, contrariando as propostas de autonomia, expressão e identidade infantis. A autora entende que é necessário reformular as formas de organização do tempo e do espaço, para evitar a rotina de atividades, propiciar atividades individuais, em grupo, valorizando a ação livre da criança e também a orientação dos profissionais. As brincadeiras, segundo Kishimoto (2001), são formas de comunicação que permitem partilhar significados e conceber regras para desenvolver e educar crianças. Pelo brincar, pode-se compartilhar valores culturais e significados, expressar ideias, compartilhar emoções, aprender a tomar decisões, cooperar, socializar e utilizar a motricidade.

As produções acadêmicas, livros e documentos legais atribuem significativo valor ao jogo para a educação das crianças, estimulando a curiosidade em compreender os conceitos, a natureza, a importância, as classificações e seu papel na educação infantil.

1.1 DELIMITAÇÃO DO TEMA E DO PROBLEMA

Ao debruçar-se sobre o tema, na busca de informações e conceitos relevantes, observa-se sua significância e relevância no meio acadêmico, político e pedagógico.

O contato inicial com dissertação e teses dos discentes dos programas de pós-graduação em educação no Brasil, bem como a leitura de fontes teóricas como Vygotsky, Leontiev, Wallon e Dewey mostram posições divergentes quanto ao papel dos jogos na educação, assim como os aspectos de desenvolvimento infantil propiciados por essas atividades na escola, e até mesmo quanto ao conceito de jogo, brincadeira, brinquedo e atividades lúdicas. Assim, dois problemas centrais devem nortear a investigação:

- Como se caracterizam e distribuem as dissertações e teses, produzidas nos programas de pós-graduação em Educação, sobre jogos na Educação, no período de 1981 a 1998?

- Que formas abordam os jogos, brincadeiras e atividades lúdicas na primeira infância e que relação estabelecem entre o jogo e a educação infantil?

A busca da resposta à primeira questão central pode ser mais bem detalhada:

- Qual a distribuição dessa produção em termos de instituição de origem, âmbito geográfico (Estado, Região) e distribuição temporal?

- Qual a distribuição dessa produção em termos de níveis (dissertações ou teses) e orientadores?

- Como se organizam os temas principais, temas secundários e tipos de pesquisa?

Metodologia da Pesquisa em Educação Física

A busca da resposta e solução ao segundo problema central da pesquisa resultará na formação de outras questões:

- Que teorias e autores são abordados nas teses e dissertações e, consequentemente, que conceitos são apresentados nas pesquisas discentes, relativos a jogo, brincadeira, brinquedo e atividades lúdicas?

- Que aspectos de desenvolvimento infantil são preponderantemente abordados nos estudos discentes: cognitivos, motores, afetivos ou sociais?

- Quais referenciais teóricos foram apropriados nas pesquisas dos discentes nos programas de pós-graduação em Educação?

- Que relações os autores estabelecem entre o jogo e a educação infantil?

1.2 OBJETIVOS

Mapear e analisar a produção discente sobre a área temática "Jogos e Brincadeiras na Educação Infantil" dos cursos de pós-graduação em Educação, com ênfase na produção das Universidades PUC/SP, USP e Unicamp.

Analisar as pesquisas de mestrado e doutorado, a fim de desvendar os conceitos levantados por estas, quanto a jogos, brincadeiras, atividade lúdica e brinquedo.

Verificar a organização dos estudos sobre o tema, com intuito de identificar os aspectos de desenvolvimento infantil analisados nas pesquisas dos discentes dos cursos de pós-graduação em Educação.

Investigar como os autores incorporam os referenciais teóricos.

Verificar e analisar as relações estabelecidas entre o jogo e a organização da educação infantil.

1.3 JUSTIFICATIVA

Ao verificar as pesquisas, os referenciais curriculares, os livros e trabalhos que abordam atividades lúdicas, constata-se que essas produções, e também as questões políticas (Referencial Curricular Nacional para a Educação Infantil), têm a gênese de seus princípios e pressupostos na psicologia social, o que obriga a se voltar a essas teorias no intuito de compreender os conceitos, a natureza, a importância, as classificações e o papel dos jogos no desenvolvimento das crianças da educação infantil.

Os principais argumentos sobre a importância de aprofundar o estudo sobre o nexo entre jogos e educação infantil surgem com base no estudo da teoria sociointeracionista e psicogenética sobre a relevância dos jogos e as brincadeiras no desenvolvimento das crianças.

Para Wallon (1981), Vygotsky (1982, 1988) e Leontiev (1988), o desenvolvimento humano ocorre pela interação do indivíduo com o meio. As características do indivíduo, as estruturas de pensamento e do conhecimento estão em contínua construção nas relações sujeito/mundo e, principalmente, nas interações interpessoais. Nessa perspectiva, a constituição de si mesmo dá-se pela interação do sujeito com os outros indivíduos e com objetos em várias situações e circunstâncias. O jogo e a brincadeira possibilitam essa interação, destacando-se, portanto, no desenvolvimento infantil.

Para os autores, a atividade lúdica não pode ser vista como mera ocupação do tempo, pois vai além do prazer, concorrendo para o progresso mental e moral, sendo fundamental para o exercício e o desenvolvimento da motricidade, inteligência, emoções e relações sociais e afetivas.

Analisar como os estudos analisam e entendem o jogo na educação infantil é fundamental para esclarecer os futuros pesquisadores sobre o tema, agilizando o processo de busca de informações com a classificação das pesquisas, bem como para elucidar os futuros educadores a respeito de algumas interpretações enviesadas sobre o jogo na educação.

2 QUADRO TEÓRICO

O jogo exerce um papel fundamental no desenvolvimento das crianças na faixa etária de zero a seis anos.

Wallon (1981, p. 64), a respeito do desenvolvimento integral da criança na participação de atividades lúdicas, afirma:

> Estas atividades lúdicas assinalam em cada idade o aparecimento das mais diversas funções: funções sensório-motoras, com suas provas de destreza, de precisão, de rapidez, mas também de classificação intelectual e de reação diferenciada, como o jogo do "pigeon-vole". Funções de articulação, de memória verbal e de enumeração, como as cantigas dos jogos das crianças, que elas aprendem umas das outras com tanta avidez. Ou ainda funções de sociabilidade, à sombra do que se opõem equipes, clãs, bandos, em que o papel de cada um é distribuído com vista à colaboração mais eficaz para a vitória comum sobre o adversário.

Para compreender o papel dominante e principal do brincar e jogar no desenvolvimento da psique da criança, no período da educação infantil, não basta conhecer as funções das atividades lúdicas para explicar suas práticas na educação infantil. É necessário compreender como a complexidade dos jogos relaciona-se com a evolução psíquica das crianças.

Segundo Leontiev (1988), o desenvolvimento mental da criança pode ser regulado conscientemente, essencialmente por meio de controle de sua atividade principal[2] e, como foi afirmado anteriormente, os jogos e as brincadeiras são as principais atividades da criança, na idade em que está frequentando a escola de educação infantil, quando ocorrem importantes alterações no seu desenvolvimento psíquico relacionadas à prática de tal atividade.

> É necessário compreender claramente em que consiste o papel das brincadeiras; as regras do jogo e de seu desenvolvimento precisam ser apresentadas. O desenvolvimento mental de uma criança é conscientemente regulado, sobretudo pelo controle de sua relação precípua e dominante com a realidade, pelo controle de sua atividade principal. Nesse caso, o brinquedo é a atividade principal; é, por conseguinte, essencial saber como controlar o brinquedo de uma criança, e para fazer isto é necessário saber submetê-las às leis de desenvolvimento do próprio brinquedo, caso contrário haverá uma paralisação do brinquedo em vez de seu controle. (LEONTIEV, 1988, p. 122).

No jogo, as coisas e as ações são diferentes da realidade e do que parecem ser aos olhos dos adultos. Nas situações de ficção, a criança passa a agir autonomamente, desvinculada da realidade que vê, passando a ser orientada pelo significado imaginário da situação. O jogo da criança pré-escolar possibilita-lhe descobrir que "as ações originam-se mais das ideias do que das coisas" (VYGOTSKY, 1988, p. 112). Quando isso ocorre, a relação da estrutura psicológica da criança com a realidade tem uma brusca modificação. Vygotsky (1988) representou essa nova estrutura como uma fração: "significado/objeto", acreditando que o processo de criar situações imaginárias leva ao desenvolvimento do pensamento abstrato. No jogo, novos relacionamentos são criados entre os significados dos objetos e das ações. O jogo liberta a criança de ações que devem ser completadas não pela ação em si, mas pelo significado que ela traz. Quando a criança faz de conta que está montando um cavalo, o significado domina a ação e isso pode ser traduzido com a regra: "significado/ação". Esse processo concede à criança uma nova forma de desejos. O jogo é o nível mais alto do desenvolvimento no período pré-escolar e é por meio dele que a criança vai além do comportamento habitual de sua idade.

Nessa mesma linha, Leontiev (1988) afirma que a criança na idade pré-escolar tem necessidade de interagir não só com as coisas acessíveis, mas de agir também como um adulto, atuando em um mundo mais amplo. Surge, assim, uma contradição entre as necessidades de desenvolvimento da criança que quer dominar o mundo, participando ativamente das atividades dos adultos, e as limitações de suas capacidades. A superação

---

[2] Leontiev (1988, p. 122) chama de atividade principal não porque as crianças permanecem mais tempo nesta, ou mesmo porque essa atividade é a única, mas, sim, por ser aquela atividade em conexão com a qual ocorrem as mais importantes mudanças no desenvolvimento psíquico da criança e dentro da qual se desenvolvem processos psíquicos que preparam o caminho da transição da criança para um novo e mais elevado nível de desenvolvimento.

dessa contradição ocorre por meio da atividade lúdica, de um jogo, que possibilita o domínio de uma área mais ampla pela criança, como, por exemplo: a criança quer dirigir o veículo de seu pai, mas não pode. No jogo, a criança imagina que uma tampa de panela é o volante do veículo e passa a guiá-lo, o que lhe seria inacessível na realidade. Segundo o autor, o jogo, ao permitir que a criança realize atividades mais complexas, ainda que no campo da imaginação, torna-se sua atividade principal.

Os jogos que envolvem mais de uma criança fazem que ela subordine seu comportamento a regras de ação, importante princípio para o surgimento do jogo com regras. Para o autor, o início do domínio das regras é importante para o desenvolvimento da psique da criança, porque envolve a habilidade de submeter-se à norma, quando existem estímulos para realizar diferentes ações, o que significa o domínio do comportamento, seu controle e sua subordinação a um objetivo definido, introduzindo o elemento moral em sua atividade. Com a introdução de regras nos jogos, as crianças, para poderem jogar entre si, têm que respeitar normas estabelecidas com o grupo, e não mais apenas as de interesse próprio. A respeito das regras nos jogos e de suas funções nas interações sociais, Leontiev (1988, p. 135) relata:

> Como surgem os jogos com regras? Eles surgem a partir dos jogos de papéis com situação imaginária. Nomes de jogos do tipo "gato e rato", "lobo e carneiro" evidenciam sua origem em jogos de papéis. [...] Portanto, em estágios relativamente precoces do desenvolvimento da atividade lúdica, uma criança descobre no objeto não apenas as relações das pessoas com esse objeto, como também as relações das pessoas entre si. Os jogos de grupos tornam-se possíveis não apenas "um ao lado do outro", mas também "juntos". As relações sociais já surgem nesses jogos de forma explicita sob a forma de relações dos jogadores entre si.

Quanto à importância do jogo no desenvolvimento moral, Vygotsky (1984) estabelece que a capacidade da criança para controlar seu comportamento surge primeiramente no jogo coletivo e posteriormente desenvolve-se como força interna no controle voluntário do comportamento. Para o autor, a criança vivencia experiências em um contexto de interação nos jogos, que permite a apropriação e a internalização de signos e instrumentos, fatores que lhes propiciam desenvolver-se no nível daqueles com os quais se inter-relacionam. A brincadeira

> [...] cria na criança uma nova forma de desejos. Ensina-a a desejar, relacionando os seus desejos a um "eu" fictício, ao papel na brincadeira e suas regras. Dessa maneira, as maiores aquisições de uma criança são conseguidas no brinquedo, aquisições que no futuro tornar-se-ão seu nível básico de ação real e moralidade. (VYGOTSKY, 1984, p. 11).

Wallon (1981) declara, quanto à interação nos jogos infantis, que em seus jogos a criança demonstra as impressões do que vivencia, reproduzindo o ambiente social com o qual se inter-relaciona, tomando consciência do que deve parecer e do seu "eu". Pelos jogos, a criança repete e imita o ambiente social em que vive. Como nos jogos de ficção, distingue os sonhos e a realidade, diferenciando-se e identificando-se no processo de formação de sua identidade. No processo de formação da personalidade, do "eu" psíquico, o conjunto de traços de caráter e personalidade forma-se na primeira infância, entre os três e seis anos, quando ocorre dualidade de comportamento em situações semelhantes, pelo sincretismo da personalidade. A criança pode se recusar a emprestar um brinquedo a outra e fazê-lo, com confiança, à ama. Em contrapartida, pode manifestar altruísmo, partilhando seus prazeres ou sofrendo privações em proveito dos outros (WALLON, 1981).

Os jogos, para Wallon, pela interação social promovida, são fundamentais no desenvolvimento socioafetivo e no processo de formação da personalidade nas crianças da faixa etária correspondente à educação infantil

> [...] pode ser manifestado verdadeiro altruísmo, a criança é capaz de sofrer pelo próximo. Os sonhos e a realidade passam a ser distinguidos e ao mesmo tempo misturados novamente em seus jogos. A criança repete em seus jogos as impressões do que vivencia, reproduzindo e imitando. Se por um lado gosta da astúcia, fazendo parecer perseguir uma ação contrária a seus fins, por outro lado tenta oferecer seus brinquedos para se apossar dos outros. Esse momento é decisivo na sua evolução, pois passa a ter consciência do que deve parecer e da sua vida íntima. (WALLON, 1981, p. 210).

A idade entre três e seis anos, para Wallon (1971), é o estágio de construção do "eu" psíquico (personalidade), quando se processa sua diferenciação daqueles que o cercam. No período anterior à apropriação da consciência de si, entre zero e três anos, a criança encontra-se em um estado de sociabilidade sincrética.[3] A conquista da consciência de si depende da distinção entre o eu e o outro, o que se adquire progressivamente pelas interações sociais.

Wallon (1971) afirma que é no estágio de personalismo, que cobre a faixa dos três aos seis anos, que pelas interações sociais ocorre diminuição do sincretismo e a personalidade ganha autonomia e deixa de ser tão facilmente modificada pelas circunstâncias, contribuindo para a formação do eu psíquico, ou seja, da personalidade. Os jogos de acordo com Mead (1972) possibilitam as interações sociais que propiciam a apropriação do outro. Na educação infantil, são essenciais para o desenvolvimento da criança. Para o autor, a afirmação do eu dá-se primeiramente como oposição sistemática e negativa, o confronto com o outro, tendo que, por fim, vivenciar a sua autonomia. A criança compara-se com outras pessoas para experimentar o poder da sua personalidade.

Wallon (1966, 1981), na mesma linha de Vygotsky (1988) e Leontiev (1988), afirma que as atividades lúdicas são importantes para o desenvolvimento infantil nos aspectos cognitivo, afetivo, motor e social, porém, não devem ser influenciadas por disciplinas

---

[3] Sincrético designa as misturas e confusões a que está submetida a personalidade infantil. Indiferenciada, a criança mistura-se à personalidade dos outros (GALVÃO, 1995).

educativas, nem subordinadas como meio a um fim. Impostas, tendem a perder o interesse para a criança e as características de atividade lúdica, de jogo, os temas que o jogo se propõe não devem ter razão fora de si mesmo, aplicando-se à definição do jogo como Kant define a arte, "uma finalidade sem fim" (WALLON, 1981, p. 62).

Os jogos e as brincadeiras como componentes educacionais, segundo Dewey (1956), divergindo de Wallon (1981), são os pontos de partida para a educação, uma forma de diminuir a separação entre a vida dentro e fora da escola, tornar a ida à escola uma alegria, manter a disciplina e facilitar o aprendizado. Para o autor, a visão escolástica do saber não aceita as atividades primárias da educação, o uso do corpo e a manipulação. No entendimento de Dewey (1956, p. 204), o curso natural do desenvolvimento é aprender por meio de atividade, "aprender fazendo", entendendo que "as artes, os jogos e trabalhos manuais constituem o estágio inicial do currículo".

Para Dewey (1956), os jogos devem ser utilizados na educação infantil por serem fundamentais para o desenvolvimento intelectual e moral da criança, porém é preciso atentar para seu caráter ambíguo.

O jogo relaciona-se com o desenvolvimento social e cultural da sociedade na qual está inserido. Os fatores que mostram a ambiguidade do valor do jogo na manutenção ou transformação de crenças, valores e atitudes na vida social, para Orlick (1989), surgem durante a participação em um determinado jogo, pois nesta vivência constitui-se uma "minissociedade" que pode formar o indivíduo em direções variadas. A experiência de jogar é sempre uma oportunidade aberta, não determinada, para um aprender relativo. Podemos tanto aprender a ser solidários e cuidar da integridade uns dos outros como nos julgar importantes a ponto de descuidar do bem-estar do próximo, dependendo dos princípios, valores, crenças e estruturas dessa "mini-sociedade, o jogo". Pode-se promover o trabalho em equipe de forma cooperativa e solidária ou supervalorizar a vitória e o incentivo à competição exacerbada (ORLICK, 1989, p. 107).

Dewey (1956, p. 216) demonstra essa relatividade do jogo:

> Os jogos tendem a reproduzir e fortalecer não só as excelências como também a rudeza do ambiente da vida dos adultos. Torna-se, portanto, função da escola conseguir um ambiente em que os jogos e trabalhos orientem-se para o escopo de facilitar o desejável desenvolvimento mental e moral.

Com a mesma tendência em discutir o caráter ambíguo dos jogos, levantados por Dewey (1956) e Orlick (1989), Adorno (1995) destaca que os jogos podem fortalecer as excelências da realidade da vida dos adultos, enobrecer a solidariedade, a consideração pelo mais frágil, quando orientados por preceitos morais. Podem, também, reproduzir a rudeza, a agressividade, a crueldade e a competitividade exacerbada do ambiente adulto. Jogos esses que, ao adquirirem diferentes abordagens, tornam-se ambivalentes.

Metodologia da Pesquisa em Educação Física

> O esporte é ambivalente: por um lado, pode produzir um efeito antibarbárico e antissádico através do *fairplay*, o cavalheirismo e a consideração pelo mais frágil; por outro, sob muitas de suas formas e procedimentos, pode fomentar a agressão, a crueldade e o sadismo. (ADORNO, 1995, p. 112).

A forma pela qual os jogos são propostos influenciam a constituição psicossocial da criança, o que aponta a necessidade de investigar algumas questões: que aspectos dos jogos analisam as pesquisas no ambiente educacional? E quais as considerações e conceitos levantados a respeito do jogo e da brincadeira na educação infantil?

3 MÉTODO

A pesquisa caracteriza-se como indireta bibliográfica às informações relatadas nos trabalhos acadêmicos dos discentes dos cursos de pós-graduação em Educação.

O método de abordagem é dedutivo, com base em teorias e princípios previamente aceitos, como os de Piaget, Vygotsky e Wallon, para a análise e formulação de conclusões da ocorrência de fenômenos particulares, como os conceitos e empregos dos jogos nas dissertações e teses dos discentes da pós-graduação em Educação.

Pretende-se empregar **o método de procedimento descritivo,** que possibilita registrar e analisar as pesquisas discentes sobre o jogo na educação infantil, descrevendo seus métodos, objetos de estudo, quadro teórico e instrumentos, e correlacionar o emprego e a concepção de jogos apresentados nas pesquisas (Dissertações e Teses) com as teorias do jogo e os documentos legais que indicam o jogo como conteúdo diário da educação infantil.

3.1 PROCEDIMENTOS DE PESQUISA

Dessa forma, na tentativa de obter um recorte mais preciso a respeito do tema da pesquisa e mapear as produções relacionadas com os jogos na Educação, realizou-se primeiramente um levantamento de dados das pesquisas discentes sobre a área temática no Catálogo de Teses do CD-ROM da Associação Nacional de Pós-Graduação em Educação (ANPEd), utilizando o descritor *jogos / jogo / jogar / joga / brincadeira / brincadeiras / brincar / brinquedo / brinca / brinquedos / brinquedoteca / lúdico / lúdica / ludicidade,* constatando-se, no período entre 1981 e 1998, 91 títulos, como mostra a Tabela 1:

Tabela 1 – Produção discente no período de 1981 a 1998 sobre temas relacionados a jogos e brincadeiras na Educação

Universidades	Número de Pesquisas no período 1981-1998
Universidade Estadual de Campinas (Unicamp)	22
Instituto de Estudos Avançados em Educação (IESAE)	4
Universidade Federal de Santa Catarina (UFSC)	3
Universidade Federal do Rio Grande do Sul (UFRGS)	2
Universidade Federal do Rio Grande do Norte (UFRN)	3
Universidade Federal do Maranhão (UFMA)	1
Universidade Federal de Santa Maria (UFSM)	1
Universidade Federal do Espírito Santo (UFES)	1
Universidade Federal do Paraná (UFPR)	1
Universidade Federal Fluminense (UFF)	1
Universidade Federal de São Carlos (UFSCar)	2
Universidade Federal da Bahia (UFBA)	2
Universidade Federal do Mato Grosso (UFMT)	1
Universidade Federal de Goiás (UFG)	1
Universidade Federal de Pernambuco (UFPE)	2
Universidade de São Paulo (USP)	9
Universidade Estadual Paulista – Marília (Unesp)	4
Pontifícia Universidade Católica de São Paulo (PUC-SP) – Educação: História, Política e Sociedade	7
Pontifícia Universidade Católica de São Paulo (PUC-SP) – Educação: Currículo	5
Pontifícia Universidade Católica de São Paulo (PUC-SP) – Psicologia da Educação	4
Universidade Estadual Paulista – Rio Claro (Unesp)	2
Pontifícia Universidade Católica do Rio de Janeiro (PUC-Rio)	2
Pontifícia Universidade Católica do Rio Grande do Sul (PUCRS)	6
Universidade do Estado do Rio de Janeiro (UERJ)	3
Universidade Federal do Ceará (UFC)	2
Universidade Metodista de Piracicaba (Unimep)	4
Total	95

O levantamento mostra que a Unicamp, a USP e a PUC-SP (esta última em seus três programas) são as que mais produziram teses e dissertações sobre essa temática, com cerca de 49,47% de toda a produção (47 trabalhos em 95). Como essas universidades situam-se no âmbito geográfico do programa e são consideradas instituições de ponta pelos órgãos avaliadores dos programas de pós-graduação no Brasil, e, também, em virtude da dificuldade de acesso a pesquisas de universidades situadas fora do Estado de São Paulo, em razão da distância e do tempo disponível para a conclusão, optou-se por subdividir a pesquisa em dois momentos:

1. Levantamento das tendências da produção docente no período de 1981 a 1998, explicitados nos resumos das teses e dissertações dos programas de pós-graduação do Brasil, por meio do CD-ROM da ANPEd, verificando: instituição de origem; âmbito geográfico (Estado, Região); distribuição temporal no período; orientadores; dissertações X teses; temas principais; temas secundários; tipos de pesquisa.
2. Análise exaustiva da produção das universidades do Estado de São Paulo: Universidade de São Paulo (USP), Universidade Estadual de Campinas (Unicamp) e Pontifícia Universidade Católica de São Paulo (PUC-SP), esta última com três programas na área de Educação: Psicologia da Educação, Supervisão e Currículo, atual Currículo e Filosofia, e História da Educação, atual Educação: História, Política e Sociedade.

Como essas Universidades concentram significativo número de pesquisas sobre o tema em relação ao total levantado no Brasil, resolveu-se estender o período histórico até 2001, em virtude de se considerar importante atualizar as produções que serão analisadas mais detalhadamente.

Para conseguir as informações e os resumos da produção discente referentes ao período entre 1999 e 2001, foram necessários procedimentos distintos para cada uma das universidades mencionadas, em razão das bibliotecas universitárias possuírem sistemas diferenciados de registro e guarda dos seus acervos.

O levantamento na Universidade Estadual de Campinas (Unicamp), abrangendo as teses e dissertações defendidas no período entre 1999 e 2001, na Faculdade de Educação, realizou-se por meio da Rede Internacional de Comunicação internet, tendo-se o seguinte procedimento: consultando o *site* <www.unicamp.br>, acessando Bibliotecas da Unicamp, com a base de dados Acervus e especificamente Monografia (teses e dissertações), no campo de busca avançada, e utilizando-se do filtro: tese, assunto: jogo, *and* jogos, *and* jogar, *and* brincar, *and* brincadeira, *and* brincadeiras, *and* brinquedo, *and* brinquedoteca, *and* lúdico, *and* ludicidade, nos anos de 1999, 2000 e 2001, verificando-se, nesse estudo preliminar, 14 títulos relacionados à temática da pesquisa.

Na Universidade de São Paulo (USP), a investigação na Faculdade de Educação das dissertações de mestrado e teses de doutorado relativas à área de interesse da pesquisa, também se realizou pela internet, primeiramente consultando o *site* <www.usp.br>, acessando o subsistema SIBi (Sistema Integrado de Bibliotecas), no banco de dados Teses da USP, unidade: faculdade de educação; campo de busca: superbusca; assunto: *jogos / jogo / jogar / brincadeira / brincadeiras / brincar / brinquedo / brinca / brinquedo / lúdico / ludicidade*, busca refinada: anos 1999, 2000 e 2001. Esse levantamento redundou na inclusão de 20 títulos de pesquisas discentes.

Na Pontifícia Universidade Católica de São Paulo (PUC-SP), o levantamento dos três programas de pós-graduação em Educação, ou seja, Educação Currículo, Psicologia da Educação e Educação: História, Política e Sociedade, acessou-se o *site* www.pucsp.br, o subsistema bibliotecas e campo selecionado: teses, utilizando-se como base de dados: jogo, *and* jogos, *and* jogar, *and* brincar, *and* brincadeira, *and* brincadeiras, *and* brinquedo, *and* brinquedoteca, *and* lúdico, *and* ludicidade, nos anos de 1999, 2000 e 2001, o que apontou cinco estudos discentes sobre a área temática de "Jogos e Educação".

Após leitura da produção discente, serão elaboradas e redigidas fichas dos trabalhos, que atentem para as variáveis: a) referência teórica; b) metodologia; c) escola analisada; d) ano de defesa; e) aspecto do desenvolvimento infantil; f) objetivo; g) conceitos sobre jogo, brincadeira, brinquedo e atividade lúdica; h) instituição de defesa; i) orientador; j) tipo de pesquisa e l) fontes utilizadas pelas pesquisas.

3.2 PROCEDIMENTOS DE ANÁLISE

A análise dos dados obtidos terá como base a análise de conteúdo, com intuito de descrever, compreender e entender os critérios e aspectos abordados nas pesquisas sobre o tema "Jogos e Brincadeiras na Educação Infantil".

As categorias de análise serão construídas de acordo com a incidência do material determinado como objeto de estudo, ou seja, somente após a análise e a compreensão dos trabalhos científicos dos discentes dos programas de educação é que será possível explicitar as categorias de análise relacionadas às variáveis levantadas.

Para organização, tabulação e classificação dos dados, será realizada análise quantitativa das frequências (proporção) das variáveis e organizadas tabelas que demonstrem quantitativamente os dados coletados.

A interpretação e a análise dos dados será alicerçada nos referenciais das teorias psicogenéticas e sociointeracionistas, principalmente as de Wallon, Vygotsky e Leontiev.

4 CRONOGRAMA DE EXECUÇÃO

Quadro 1 – Cronograma de execução da pesquisa

Meses / Atividades	Jan. 2015	Fev. 2015	Mar. 2015	Abr. 2015	Mai. 2015	Jun. 2015	Jul. 2015	Ago. 2015	Set. 2015	Out. 2015	Nov. 2015	Dez. 2015	Jan. 2016	Fev. 2016
Levantamento bibliográfico	X	X	X	X	X									
Levantamento dos dados nas Universidades		X	X	X	X									
Organização dos dados				X	X									
Análise dos dados					X	X								
Elaboração do texto para qualificação						X	X							
Entrega de texto de qualificação							X							
Exame de qualificação								X						
Elaboração do texto de dissertação									X	X	X	X	X	
Depósito da dissertação													X	
Defesa da dissertação														X

5 BIBLIOGRAFIA CONSULTADA

ADORNO, T. W. **Palavras e sinais**: modelos críticos 2. Tradução de Maria Helena Ruscher. Petrópolis: Vozes, 1995.

ALMEIDA, A. Notas do folclore infantil sul-paulista. **Revista do Arquivo Municipal**, São Paulo, v. 12, n. 108, p. 113-19, maio/jun. 1946.

BRASIL. Ministério da Educação e do Desporto. Secretaria de Educação Fundamental. **Referencial Curricular Nacional para a Educação Infantil**: introdução. Brasília: MEC/ SEF, v. 1, 2 e 3, 1998.

DEWEY, J. **Democracia e educação**: introdução à filosofia da educação. Tradução de Godofredo Rangel e Anísio Teixeira. 3. ed. São Paulo: Cia. Editora Nacional, 1956.

FRIEDMANN, A. **Brincar, crescer e aprender**: o resgate do jogo infantil. São Paulo: Moderna, 1988.

GALVÃO, I. **Henri Wallon**: uma concepção dialética do desenvolvimento infantil. 3. ed. Petrópolis: Vozes, 1995.

KISHIMOTO, T. M. A LDB e as instituições de educação infantil: desafios e perspectivas. **Revista Paulista de Educação Física**, São Paulo, n. 4, p. 7-14, 2001.

_____. A pré-escola na República. **Pro-Posições**, v. 1, n. 3, p. 55-6, dez. 1990.

LAVILLE, C.; DIONNE, J. **A construção do saber**: manual de metodologia da pesquisa em ciências humanas. Porto Alegre: Artmed, 1999.

LEONTIEV, A. N. Os princípios psicológicos da brincadeira pré-escolar. In: VYGOTSKY, L. S. **Linguagem, desenvolvimento e aprendizagem**. Tradução de Maria da Penha Villalobos. São Paulo: Ícone/Edusp, p. 119-42, 1988.

MEAD, G. H. **Espiritu, persona y sociedad**: desde el punto de vista del conductismo social. Tradução de Florial Mazia. 3. ed. Buenos Aires: Paidós, 1972.

ORDONHES, M. I. **O papel do diretor na produção discente dos cursos de pós-graduação em educação das universidades paulistas (1970 a 1999)**. 2002. Dissertação (Mestrado em Educação) – Faculdade de Educação, Pontifícia Universidade Católica de São Paulo, São Paulo, 2002.

ORLICK, T. **Vencendo a competição**. São Paulo: Círculo do Livro, 1989.

PEREIRA, M. I. G. G. **O espaço do movimento**: investigação no cotidiano de uma pré-escola à luz da teoria de Henry Wallon. 1993. Dissertação (Mestrado em Educação) – Faculdade de Educação, Universidade de São Paulo, São Paulo, 1993.

SASS, O. **Crítica da razão solitária**: a psicologia social de George Herbert Mead. 1992. 256 f. Tese (Doutorado em Psicologia Social) – Pontifícia Universidade Católica de São Paulo, São Paulo, 1992.

SOUZA, G. de. **Pré-escola é escola?** Um estudo sobre a contribuição da pré-escola como educação escolar, no Brasil – 1989 a 1996. 1997. Dissertação (Mestrado em Educação) – Faculdade de Educação, Pontifícia Universidade Católica de São Paulo, São Paulo, 1997.

VYGOTSKY, L. S. **A formação social da mente**. São Paulo: Martins Fontes, 1984.

_____. **La imaginación y el arte en la infancia**. Madri: Akal, 1982.

VYGOTSKY, L. S. et al. **Linguagem, desenvolvimento e aprendizagem**. Tradução de Maria da Penha Villalobos. São Paulo: Ícone/Edusp, 1988.

WAJSKOP, G. **Brincar na pré-escola**. 4. ed. São Paulo: Cortez, 2001.

_____. **Tia, me deixa brincar!** O espaço do jogo na educação pré-escolar. São Paulo, 197 f. 1990. Dissertação (Mestrado em Educação) – Faculdade de Educação, Pontifícia Universidade Católica de São Paulo, São Paulo, 1990.

WALLON, H. **A evolução psicológica da criança**. Tradução de Ana de Moura e Rui de Moura. 3. ed. São Paulo: Andes, 1981.

_____. **As origens do caráter na criança**. São Paulo: Difel, 1971.

_____. **As origens do pensamento na criança**. São Paulo: Manole, 1989.

_____. **Do ato ao pensamento**. Lisboa: Portugália, 1966.

Citações e referências

CAPÍTULO VI – CITAÇÕES E REFERÊNCIAS

6.1 CITAÇÕES

Citações são trechos considerados relevantes, retirados dos documentos consultados, que colaboram com as ideias do pesquisador na elaboração do trabalho acadêmico.

As citações podem ser indicadas no texto de três maneiras: pelo sistema numérico, sistema alfabético (autor-data) ou notas de rodapé.

A forma mais utilizada nos trabalhos acadêmicos é o sistema alfabético, sendo este o padrão explicitado aqui.

Ao redigir uma citação no corpo do trabalho, deve-se colocar o autor (sobrenome) e o ano da obra consultada. O sobrenome do autor deve ser escrito com a primeira letra maiúscula, seguido do ano da publicação, por exemplo: Luna (2002); quando o nome do autor e o ano estão entre parênteses, são separados por vírgula e o nome é redigido todo em letras maiúsculas, exemplo: (MOURA, 1992).

Segundo a NBR 10520 (ABNT, 2002b), as citações são classificadas em três tipos:

- citação direta;
- citação indireta;
- citação de citação.

Conforme Sá et al. (2000), existe também a citação mista.

Observação: todos os exemplos de citações deste manual encontram-se no formato de utilização para trabalhos acadêmicos.

6.1.1 Citação direta

Transcrição literal de um texto ou palavras do autor constantes do documento original. Nesse caso, é obrigatório colocar o número da página consultada. Por exemplo: um trecho do livro de Mattos e Neira (2008). Como proceder?

6.1.1.1 Citação de até Três Linhas

Deve ser inserida no parágrafo, entre aspas duplas. No caso de parte da citação estar entre aspas no texto original, devem-se utilizar aspas simples (apóstrofo) neste trecho, pois se trata de citação ou conceito de outros autores. Exemplo:

> Segundo Mattos e Neira (2008, p. 21), "a conscientização não é apenas tomar 'conhecimento da realidade'. A tomada de consciência significa a passagem da imersão na realidade para um distanciamento desta realidade".

> "A Educação Física atual, por não querer tratar de tudo, especializou-se no seu objeto de estudo – movimento humano" (MATTOS; NEIRA, 2008, p. 17).

6.1.1.2 Citação com Mais de Três Linhas

Destacado do texto, pula-se uma linha para iniciar a transcrição da citação, com recuo de 4 cm da margem esquerda, alinhamento justificado e respeitando a margem direita, texto em Arial ou Times New Roman 11, espaçamento simples entre linhas, crédito dos autores e número da página. Para reiniciar o texto normal, pula-se outra linha. Exemplos:

Quanto à relevância de serem desenvolvidos conteúdos significativos às crianças nas aulas de Educação Física escolar, Mattos e Neira (2008, p. 26) afirmam:

> É o movimento voluntário que deve ser trabalhado na aula de Educação Física das crianças. Essa aula deve basear-se em elementos significativos para ela, só assim teremos realmente a construção do conhecimento. O professor tem o dever de elaborar conflitos para o grupo ou individualmente, é a superação destes conflitos que possibilitará ajustamentos cognitivos cada vez mais elaborados.

A interação e a participação das crianças em práticas de leitura que fazem sentido para elas favorecem a construção de repertórios mais significativos em relação à aquisição da leitura e da escrita:

> É o modo de participação da criança ainda na oralidade, em práticas de leitura e escrita, dependente do grau de letramento familiar e da instituição em que a criança está ou não inserida [pré-escola], que lhe permite construir uma relação com a escrita como prática discursiva e como objeto. (KLEIMAN, 2008, p. 70).

6.1.1.3 Em Trechos Muito Longos ou Omissões

Para omitir trechos dispensáveis ao entendimento da citação e que não alteram a ideia e o texto do autor, utilizam-se colchetes e reticências [...] a fim de indicar a supressão, como no exemplo:

> O movimento é uma importante dimensão do desenvolvimento e da cultura humana. As crianças se movimentam desde que nascem, adquirindo cada vez maior controle sobre seu próprio corpo e se apropriando cada vez mais das possibilidades de interação com o mundo. [...] O movimento humano é mais do que um simples deslocamento do corpo no espaço: constitui-se em uma linguagem que permite às crianças agirem sobre o meio físico e atuarem sobre o ambiente humano, mobilizando as pessoas por meio de seu teor expressivo. (MATTOS; NEIRA, 2008, p. 26).

Quando a omissão do trecho ocorre no início ou no final da citação, utilizam-se as reticências com o colchete. O sentido da frase não pode ser alterado. Isso pode acarretar, inclusive, em uma citação menor de três linhas, que deve ficar no texto normal entre aspas. Exemplo:

> A Educação Física é uma disciplina preocupada com diversos aspectos, assim: "[...] uma quantidade enorme de conhecimentos se faz necessária, não apenas às técnicas desportivas, mas ao processo de desenvolvimento cognitivo, afetivo-social e psicomotor" (MATTOS; NEIRA, 2008, p. 70).

6.1.2 Citação indireta

Transcrição livre do texto, quando se usa a ideia do autor sem utilizar as mesmas palavras da fonte original. Exemplo: expressar com as próprias palavras as ideias de Mattos e Neira (2008) ou fazer uma síntese de um trecho longo.

Deve-se citar a fonte, com sobrenome do(s) autor(es) e data de publicação, sem o número da página e sem as aspas no trecho citado. Exemplo:

> De acordo com Mattos e Neira (2008), trabalhar com esquema corporal nas aulas de Educação Física faz que a criança conheça a imagem de seu próprio corpo, auxiliando na construção de sua identidade.

6.1.3 Citação de citação

Transcrição de um trecho de um documento do qual se teve conhecimento por meio de uma segunda fonte, sem ter acesso ao original, como nos casos de edições esgotadas, cujo acesso é difícil até mesmo em bibliotecas públicas e universitárias, e de obras publicadas em idioma não dominado pelo autor da pesquisa.

Ao realizar esse tipo de citação, deve-se certificar de que a interpretação e as afirmações da fonte secundária devem ser fiéis às do autor original.

Na citação apresentam-se: os sobrenomes dos autores originais, em letras maiúsculas e minúsculas, seguidos, entre parênteses, da data de publicação, do termo "citado por" ou "apud" (do latim, significa "conforme"), do sobrenome do(s) autor(es) (em letras maiúsculas, separados por ponto e vírgula) e da data (ano) da fonte estudada. A fonte secundária consultada deve constar das referências.

6.1.3.1 Citação de Citação Direta

Quando se cita literalmente um trecho de uma obra escrita por um terceiro autor:

> Colello (1990, p. 19 apud MATTOS; NEIRA, 2008, p. 20), em relação ao movimento como forma de comunicação, afirma: "Consideramos a motricidade, a linguagem e a linguagem escrita como formas de expressão, ação e comunicação que funcionam como evidências de equilíbrio afetivo e inteligência".

6.1.3.2 Citação de Citação Indireta

Quando se analisam as afirmações de um autor que cita outro autor em seu texto. Após compreender as ideias, elas são descritas livremente, sem a necessidade de citação literal. Exemplo:

> Vygotsky (1984 apud MATTOS; NEIRA, 2008) relata que, para uma criança elaborar conceitos, são necessários contatos com inúmeras vivências.

> A didática do professor de Educação Física, segundo Ferreira (1984 apud MATTOS; NEIRA, 2008), alicerça-se em uma postura de repetição dos processos de ensino que ele próprio vivenciou enquanto aluno na educação básica ou superior.

6.1.4 Citação mista

Quando o pesquisador apresenta a citação com suas próprias palavras, mas mantém (citação direta) conceitos ou expressões na forma original. Exemplo:

> A criança necessita de uma grande diversidade de movimentos para poder aos poucos construir seu repertório motor, mas este movimento não deve ser um movimento sem significado, o mover-se pelo simples fato de realizar um ato, e sim "um movimento com intenções", ou seja, atividades que colaborem com o desenvolvimento integral do aluno (MATTOS; NEIRA, 2008, p. 18).

6.1.5 Citações no corpo do texto

6.1.5.1 Sistema Alfabético ou Autor-Data

Nas citações, as chamadas pelo sobrenome do autor, pela instituição responsável ou título, incluídas na sentença do texto, devem ser em letras maiúsculas e minúsculas e, quando entre parênteses, no final da frase, são redigidas em letras maiúsculas.

Em citações diretas, indicar o número da página da qual foi retirado o trecho, frase ou expressão.

As formas de indicar os autores nas citações serão abordadas na sequência, com os respectivos exemplos.

6.1.5.1.1 Um autor

O sobrenome do autor, seguido da data e da página do documento do qual foi extraída a citação, pode ser indicado de duas formas: trazendo o autor para o contexto da redação, com termos e expressões como: "segundo", "de acordo com", "afirma", "relata", "discorre", "conceitua", "indica", "aponta", "descreve" etc. Exemplo:

> Segundo Nicolau (2007, p. 182), os tipos de espaços podem estimular ou inibir as interações, experimentações ou descobertas infantis. As instalações físicas são igualmente importantes.

Segunda forma: ao final do trecho extraído de uma obra, informar o autor e a data, entre parênteses e em letras maiúsculas. Exemplo:

> Considerar a socialização da criança como um processo de apropriação, reinvenção e reprodução da cultura é respeitar o direito que ela tem à brincadeira, atenção individual, à sua identidade cultural e religiosa (NICOLAU, 2007, p. 183).

6.1.5.1.2 Até três autores

Os mesmos procedimentos anteriores, ressaltando os sobrenomes dos dois ou três autores na ordem em que aparecem na publicação. Quando o sobrenome dos autores estiver incluído na sentença do texto, digitar em letras maiúsculas e minúsculas e separá-los pela letra "e", no caso de dois autores. Quando forem três autores, são redigidas em letras maiúsculas e minúsculas, porém do primeiro para o segundo separa-se por vírgula, e do segundo para o terceiro, pela letra "e". Exemplos:

> Mattos e Neira (2008, p. 82) afirmam que "construir o conhecimento não é uma ação dada geneticamente; há procedimentos necessários para construí-los".

> Mattos, Rossetto Júnior e Blecher (2008) relatam que somente as citações de obras com mais de três autores é que devem ser apresentadas com o sobrenome do primeiro autor seguido da expressão "et al." (latim: e outros).

Nas citações que não pertencem à frase, aparecendo dentro de parênteses, os sobrenomes de dois ou três autores são redigidos em letras maiúsculas, separados por ponto e vírgula, seguidos da data de publicação e da página. Exemplos:

> "Construir o conhecimento não é uma ação dada geneticamente; há procedimentos necessários para construí-los" (MATTOS; NEIRA, 2008, p. 82).

> "O Projeto de Pesquisa facilita o processo de elaboração e conclusão do Trabalho de Conclusão de Curso, e será aproveitado na composição da introdução do texto final. A estrutura e elaboração do Projeto de Pesquisa para processos de seleção em programas de Pós-graduação *stricto sensu* encontram-se explicitadas no Capítulo V" (MATTOS; ROSSETTO JÚNIOR; BLECHER, 2008, p. 43-44).

6.1.5.1.3 Mais de três autores

Deve-se citar o sobrenome do primeiro autor seguido da expressão "et alii" (latim: "e outros"), do ano de publicação e da página. Muitas vezes, encontra-se a expressão "et alii" abreviada em "et al.". Trata-se de uma expressão bastante utilizada em trabalhos científicos, como se observa nas citações que seguem:

> Coll et al. (1995, p. 70) afirmam que "a linguagem é uma capacidade exclusivamente humana".

> "A linguagem é uma capacidade exclusivamente humana" (COLL et al., 1995, p. 70).

6.1.5.1.4 Autores com mesmo sobrenome e data

Acrescentam-se as iniciais de seus prenomes e, se mesmo assim a coincidência continuar, colocam-se os prenomes por extenso:

> (FREIRE, J., 1989)   (FREIRE, João Batista, 1989)
>
> (FREIRE, J., 1989)   (FREIRE, João Paulo, 1989)

6.1.5.1.5 Um autor com mais de uma obra publicada no mesmo ano

Deve-se citar o sobrenome do autor e o ano de publicação da obra, seguido de uma letra minúscula sem espaçamento e número da página. A ordenação das obras do autor (a, b, c...) obedecerá à ordem alfabética do título:

> (PIAGET, 1975a, p. 14)
> (PIAGET, 1975b, p. 53)

6.1.5.1.6 Vários autores e uma mesma ideia

Quando inseridos no final da frase, coloca-se entre parênteses o sobrenome do autor e o ano de publicação, em ordem alfabética dos sobrenomes dos autores, separados por ponto e vírgula. Exemplo:

> Ela polariza e encaminha, sob a forma de "demanda coletiva", as necessidades de todos (FONSECA, 2004; PAIVA, 2006; SILVA, 2009).

Quando inseridos na frase, são escritos em letras maiúsculas e minúsculas, separados por vírgula ou "e", como se verifica no exemplo:

> Oliveira (2000), Rossetto Júnior (2009) e Vygotsky (2004) concordam que o jogo é um instrumento de trabalho, ou seja, um objeto social e mediador das relações entre o indivíduo e o mundo.

6.1.5.1.7 Citação de instituições e órgãos públicos

Nome da instituição por extenso, seguido do ano de publicação e página, conforme exemplo:

> De acordo com a NBR 10520 da Associação Brasileira de Normas Técnicas (ABNT, 2002b, p. 26), é importante evitar o uso de abreviaturas na redação do texto acadêmico.

> As determinações do Ministério da Educação (Brasil, 2007, p. 7) indicam que "a aprendizagem não depende apenas do aumento do tempo de permanência na escola, mas também do emprego mais eficaz desse tempo [...]".

Metodologia da Pesquisa em Educação Física

6.1.5.1.8 Citação de congressos, conferências e seminários

De acordo com Sá et al. (2000), colocar o nome completo do evento, o ano da realização, cidade e estado. Exemplo:

> A Educação Física Escolar começou a ser repensada pelos alunos das Faculdades de Educação Física das cidades da região de Campinas a partir do 5º Congresso Paulista de Educação Física (2001, Jundiaí-SP).

6.1.5.1.9 Citação de informações retiradas da internet

Mencionar somente em casos imprescindíveis, indicando dados que possibilitem sua identificação nas referências. Conforme Sá et al. (2000), quando no artigo ou texto retirado da internet estiver indicada claramente sua autoria, citar pelo sobrenome do autor e data completa (dia, mês e ano) do acesso ao texto, porque, em um ano, as páginas podem mudar muitas vezes. O que se acessa em janeiro de 2016 pode não estar mais naquela página em março do mesmo ano.

Algumas vezes, os autores não são citados, mas os textos e artigos estão vinculados a *sites* de entidades ou órgãos públicos, responsáveis pelas informações ali apresentadas. Dessa forma, citar as instituições com fonte e as datas.

Os textos que não apresentam o nome do autor ou instituição responsável devem ser evitados, pois levantam suspeitas quanto à sua fidedignidade. Nos casos em que esses textos são a única fonte de dados imprescindíveis à conclusão da monografia, as citações são creditadas ao endereço eletrônico nos quais se encontram, porém perde-se parte da validade científica do trabalho.

6.2 REFERÊNCIAS

6.2.1 Localização

Existem algumas formas de apresentar as referências. Podem aparecer no rodapé, listadas ao fim do texto ou dos capítulos ou antecedendo resumos, resenhas e recensões. Quando se utiliza o sistema autor-data, torna-se obrigatório apresentar as referências no final do texto, sendo este sistema aqui adotado e explicitado.

6.2.2 Regras gerais de apresentação

As referências são alinhadas somente à margem esquerda do texto. No Word, utiliza-se o espaçamento simples entre linhas na referência e espaçamento duplo entre as referências, a fim de identificar cada um dos documentos utilizados na pesquisa.

Os elementos essenciais das referências são: autor(es) ou instituição(ões) (LETRAS MAIÚSCULAS), título (em **negrito**, *itálico*, ou <u>sublinhado</u>), subtítulo (se houver), edição, local, editora e data de publicação.

Os elementos complementares são: outros tipos de colaboração (tradutor, organizador, editor, ilustrador etc.), páginas, volumes, ilustrações (tabelas, figuras e gráficos).

Observação: todos os exemplos citados neste manual encontram-se no formato a ser utilizado em trabalhos acadêmicos.

Exemplos:

RABINOVICH, S. B. **O espaço do movimento na Educação Infantil**: formação e experiência profissional. 2. ed. São Paulo: Phorte, 2007.

No exemplo, observa-se: RABINOVICH [sobrenome do autor], Shelly Blecher [nome do autor], O espaço do movimento na Educação Infantil: [título do livro], formação e experiência profissional [subtítulo], 2. ed. [número de edição da obra], São Paulo [local da publicação], Phorte [editora] e 2007 [ano da publicação].

De acordo com a NBR 6023 (ABNT, 2002a), a segunda linha de uma referência inicia-se abaixo do mesmo ponto em que a primeira palavra da referência começou (sobrenome do autor), determinando o alinhamento à esquerda.

6.2.3 Ordenação

Todas as referências citadas no documento devem ser registradas na lista de referências, organizadas em ordem alfabética, numérica, sistemática ou cronológica.

Para as monografias e os artigos, como se adotou neste livro o sistema autor-data, segue-se a ordem alfabética dos sobrenomes dos autores; quando houver mais de uma referência de um mesmo autor, os próximos elementos a serem considerados na ordenação são: o título ou a data.

6.2.3.1 Título

Exemplos de referências dos mesmos autores, ordenadas pelo título da obra:

MATTOS, M. G.; NEIRA, M. G. **Educação Física infantil**: construindo o movimento na escola. 7. ed. São Paulo: Phorte, 2008.

MATTOS, M. G; NEIRA, M. G. **Educação Física infantil**: inter-relações movimento, leitura e escrita. 2. ed. São Paulo: Phorte, 2007.

6.2.3.2 Data

No caso da data, deve-se considerar o ano para os livros, e dia, mês e ano para os periódicos, em ordem crescente, como o modelo:

FREIRE, J. B. **Educação de corpo inteiro**. São Paulo: Scipione, 1989.

FREIRE, J. B. **De corpo e alma**: o discurso da motricidade. São Paulo: Summus, 1991.

Ao determinar uma das formas de redigir as referências, esta deve ser mantida como padrão para todo o trabalho.

Os nomes dos autores de várias obras referenciadas sucessivamente devem ser substituídos por um traço equivalente a 6 (seis) espaços, seguido de ponto. Observe os exemplos:

MATTOS, M. G. **Percepção do coordenador pedagógico sobre a influência do módulo da área de Educação Física no seu desempenho profissional**. São Paulo: FEUSP, 1987. 90 p. Relatório de pesquisa.

_____. **Vida no trabalho e sofrimento mental do professor de Educação Física na escola municipal**: implicações no seu desempenho e vida pessoal. 1994. 205 f. Tese (Doutorado em Educação) – Faculdade de Educação, Universidade de São Paulo, São Paulo, 1994.

6.2.3.3 Obras de um mesmo autor e mesmo ano

Quando houver diversos documentos do mesmo autor publicados no mesmo ano, deve-se diferenciá-los por letra minúscula após a data, respeitando a ordem alfabética do título:

PIAGET, J. **A formação do símbolo na criança**. Rio de Janeiro: Zahar, 1975a.

_____. **O nascimento da inteligência na criança**. Rio de Janeiro: Zahar, 1975b.

6.2.4 Livro

Elementos para apresentar a referência de um livro:

▪ *Nome do autor*: entrada pelo último sobrenome, em letras maiúsculas, seguido dos prenomes, abreviados ou não. Lembrando que os identificadores, como Filho, Júnior, Neto e outros, devem vir sempre após o último sobrenome:

VYGOTSKY, L. S. **Pensamento e linguagem**. 4. ed. São Paulo: Martins Fontes, 2008.

▪ *Título*: deve ser transcrito como aparece no documento e em destaque (**negrito**, *itálico* ou <u>sublinhado</u>). É obrigatória a padronização das referências, como é apresentado no modelo das referências desta obra.

▪ *Subtítulo*: transcrito com as iniciais minúsculas, separadas do título por dois--pontos.

▪ *Edição*: indicada em algarismo arábico, seguido de ponto e abreviatura da palavra "ed.". Os dados referentes à 1ª edição não são registrados.

▪ *Local da publicação (cidade da editora)*: transcrito como aparece no documento. No caso de homônimos, acrescenta-se o nome do país ou estado (exemplo: Bonito, BA; Bonito, PA; Bonito, MS).

▪ *Editora*: será transcrita suprimindo-se os dados irrelevantes de sua identificação comercial, por exemplo: Gráfica e Editoração Três Irmãos Limitada deve ser referenciada como Três Irmãos. Quando houver três ou mais editoras, indica-se a mais destacada ou a primeira. Quando a editora não é mencionada, indica-se o impressor do documento e, na falta deste, entre colchetes menciona-se [s. n.] (*sine nomine*: sem nome);

▪ *Data de publicação*: indicada em algarismo arábico, sem pontuação ou espaçamento. Não sendo possível determinar a data de publicação ou produção, colocar a data aproximada entre colchetes. Exemplos:

[1999 ?] – data provável
[ca. 1970] (cerca de) – data aproximada
[198-] – década certa
[198-?] – década provável
[19--] – século certo
[19--?] – século provável

Nas referências de documentos em vários volumes, indica-se:

1998- – para periódicos em curso de publicação ou no prelo.
1999-2002 – para periódicos já concluídos.

6.2.4.1 Livro com Único Autor

KISHIMOTO, T. M. **O Jogo e a Educação Infantil**. São Paulo: Pioneira, 2003.

6.2.4.2 Livro com até Três Autores

Os nomes dos autores são separados entre si por ponto e vírgula na ordem da publicação.

ROSSETTO JÚNIOR, A. J; COSTA, C. M; D'ANGELO, F. L. **Práticas pedagógicas reflexivas em esporte educacional**: unidade didática como instrumento de ensino e aprendizagem. 2. ed. São Paulo: Phorte, 2012.

MATTOS, M. G.; ROSSETTO JÚNIOR, A. J; BLECHER, S. **Teoria e Prática da Metodologia da Pesquisa em Educação Física**: construindo sua monografia, artigos e projetos. 3. ed. São Paulo: Phorte, 2008.

6.2.4.3 Livro com Mais de Três Autores

Menciona-se apenas o nome do primeiro autor, seguido da expressão "et alii" *(*ou "et al.").

ROSSETTO JÚNIOR, A. J. et al. **Jogos Educativos:** estrutura e organização da prática. 5. ed. São Paulo: Phorte, 2009.

6.2.4.4 Traduções

Para documentos traduzidos, acrescentar o nome do tradutor após o título, precedido por "tradução" ou "tradução de":

LE BOULCH, J. **O Corpo na Escola no Século XXI**. Tradução de Cristiane Hirata. São Paulo: Phorte, 2007.

6.2.4.4.1 Livro traduzido do original

De acordo com Sá et al. (2000), nos livros traduzidos do original, indica-se o título no final da referência (informações complementares) quando mencionado no documento. Caso não o seja, apenas o título no idioma para o qual foi traduzido.

GALLAHUE, D. L.; OZMUN, J. C. **Compreendendo o desenvolvimento motor:** bebês, crianças, adolescentes e adultos. Tradução Maria Aparecida da Silva Pereira Araújo. São Paulo: Phorte, 2001. Tradução de: *Understanding Motor Development: Infants, Children, Adolescents, Adults.*

6.2.4.5 Livro de Autoria de Entidades (órgãos governamentais, empresas, associações)

A entrada da referência deve realizar-se pelo nome por extenso da entidade responsável pela publicação.

SERVIÇO SOCIAL DO COMÉRCIO. **Jogos cooperativos**: um exercício de com-vivência. São Paulo: [s. n.], 1999.

6.2.4.6 Livro Organizado

A entrada é pelo organizador do livro, não aparecendo os demais autores, acrescentando, entre parênteses, a indicação (Org.) ou (Coord.) logo após o sobrenome do organizador ou coordenador da publicação:

KISHIMOTO, T. M. (Org.). **Jogo, brinquedo, brincadeira e a Educação**. 13. ed. São Paulo: Cortez, 2010.

6.2.4.6.1 Partes de livros (artigos, capítulos, fragmentos e volumes)

Apresenta-se o sobrenome do autor da parte ou capítulo consultado, seguido do título sem destaque. Posteriormente, o termo "In", seguido de dois-pontos, a referência dos autores da obra, o título analisado, cumprindo-se as determinações das normas de referências para livros, acrescentando-se os números das páginas consultadas após a data de publicação.

BORTONI, S. M. Variação linguística e atividade de letramento em sala de aula. In: KLEIMAN, A. B. **Os significados do letramento**: uma nova perspectiva sobre a prática social da escrita. São Paulo: Mercado de Letras, 2008. p. 119-43.

No caso de capítulos de livros ou volumes, indicar o número após a data, seguido de vírgula e páginas.

6.2.5 Publicações de entidades coletivas (órgãos governamentais, empresas, instituições, associações e outros)

Relata-se a referência pelo nome da entidade ou órgão responsável pelo documento (letras maiúsculas), por extenso, seguido do título (em destaque), referências da publicação e data, como os exemplos:

ASSOCIAÇÃO BRASILEIRA DE NORMAS TÉCNICAS. **NBR 6023**: informação e documentação – referências – elaboração. Rio de Janeiro, 2002.

BRASIL. Ministério da Educação e do Desporto. Secretaria de Educação Básica. **Diretrizes Curriculares Nacionais para a educação infantil**. Brasília: MEC/ SEF, 2009.

UNIVERSIDADE DE SÃO PAULO. **Catálogo de Teses da Universidade de São Paulo**. São Paulo, 2006, 467 p.

6.2.5.1 Entidades Coletivas com Denominação Genérica

Quando genérica, a entidade é precedida pelo órgão superior ou jurisdição a que pertence, como no modelo:

RONDÔNIA. **Resolução n. 131, de 14 de dezembro de 2006**. Fixa normas para a implantação do Ensino Fundamental de nove anos no Sistema Estadual de Ensino a partir do ano letivo de 2007. Porto Velho: Conselho Estadual de Educação.

6.2.6 Referências legislativas – leis, decretos e normas

Elementos essenciais da referência: jurisdição em letras maiúsculas, título da lei em destaque (**negrito**, *itálico* ou sublinhado), número, data e dados da publicação, como no exemplo:

BRASIL. **Projeto de Lei 06755 de 2010**. Obrigatoriedade escolar para crianças de 4 a 17 anos de idade, 2010.

No caso de Constituições e emendas, insere-se entre a jurisdição e o título a palavra constituição, seguida do ano de promulgação entre parênteses.

BRASIL. Constituição (1988); Emenda constitucional nº 9, de 9 de novembro de 1995. **Lex:** legislação federal e marginalia, São Paulo, v. 59, p. 1966, out./dez. 1995.

Em normas de entidades públicas ou privadas: é obrigatório apresentar a chamada da referência pelo cabeçalho por extenso da entidade responsável.

UNIVERSIDADE GAMA FILHO. **Normas para elaboração e execução do trabalho de conclusão de curso**. Rio de Janeiro, 2012.

6.2.7 Eventos científicos (congressos, seminários, simpósios e outros)

São descritos nas referências na sequência: nome do evento (em letras maiúsculas), edição do evento (algarismos arábicos), ano de realização (algarismos arábicos), local (cidade), título (em destaque), onde encontrar as citações, locais da publicação, editora, ano de publicação, número de páginas ou volume.

SEMINÁRIO FALA OUTRA ESCOLA: carregando sonhos, 5., 2010, Campinas. **Anais...** Campinas: Unicamp, 2010. 207 p.

6.2.7.1 Trabalhos Apresentados em Eventos

Descritos conforme os seguintes procedimentos: autor, título do trabalho, In: nome do evento, edição do evento, ano de realização, local, título, local, editora, ano de publicação, página inicial-final.

RABINOVICH, S. B. O espaço do movimento na Educação Infantil: formação e experiência profissional. In: SEMINÁRIO FALA OUTRA ESCOLA: carregando sonhos, 5., 2010, Campinas. **Anais...** Campinas: Unicamp, 2010. p. 82-83.

6.2.8 Verbetes de enciclopédias e dicionários

6.2.8.1 Enciclopédias

Nome da enciclopédia em letra maiúscula, local de publicação seguido de dois-pontos; depois aparecem editora, ano e páginas iniciais e finais, separadas por traço, em que se encontram os materiais pesquisados.

LAROUSSE Cultural. São Paulo: Universo, 2005. p. 197-198.

6.2.8.2 Dicionários

Começa pelo nome do autor em letra maiúscula, nome do dicionário em destaque, edição, local de publicação, editora, ano, página.

LUFT, C. P. **Minidicionário Luft**. 22. ed. São Paulo: Ática, 2009. p. 433.

6.2.9 Teses, Dissertações e Monografias

Para a apresentação de referências correspondentes a trabalhos acadêmicos, respeita-se a sequência: autor (em letras maiúsculas), título (em destaque), ano da defesa, número de folhas, classificação (Tese, Dissertação, Monografia, grau e área), unidade de ensino, instituição superior, local (cidade) e ano.

6.2.9.1 Tese de Doutorado

MATTOS, M. G. **Vida no trabalho e sofrimento mental do professor de Educação Física na escola municipal**: implicações em seu desempenho e sua vida pessoal. 1994. 398 f. Tese (Doutorado em Educação) – Faculdade de Educação, Universidade de São Paulo, São Paulo, 1994.

6.2.9.2 Dissertação de Mestrado

ROSSETTO JÚNIOR, A. J. **Jogos e brincadeiras na Educação Infantil**: um balanço das dissertações e teses, defendidas nos programas de pós-graduação em Educação. 2003. 172 f. Dissertação (Mestrado em Educação) – Faculdade de Educação, Pontifícia Universidade Católica de São Paulo, São Paulo, 2003.

6.2.9.3 Monografia

BLECHER, S. **A construção de jogos e brincadeiras na aprendizagem da leitura e da escrita.** 2001. 45 f. Monografia (Especialização em Educação Física Escolar) – Faculdade de Educação Física, UniFMU Centro Universitário, São Paulo, 2001.

6.2.9.4 Trabalhos Acadêmicos

BLECHER, S. **Desenvolvimento motor das habilidades aquáticas na idade de três anos.** 1999. 50 f. Trabalho de Graduação (Disciplina de Metodologia Científica) – Curso de Educação Física, Faculdade de Educação Física, UniFMU Centro Universitário, São Paulo, 1999.

6.2.9.5 Projetos de Pesquisa

RABINOVICH, S. B. **As brincadeiras das crianças no recreio**: possibilidades de inter-relação com as aulas de movimento. São Paulo: Instituto Superior de São Paulo – Singularidades. Faculdade de Educação. 2008. Projeto de Ensino e Pesquisa.

6.2.10 Publicações periódicas

Em caso de artigos de periódicos e/ou jornais nos quais constam os nomes dos autores do artigo, apresentam-se os autores e posteriormente coloca-se o nome do periódico e/ou jornal em destaque, após o título do trabalho, escrito na mesma forma apresentada no documento.

6.2.10.1 Coleções de Revista

A referência é realizada pelo TÍTULO DA REVISTA. Local: Editora, ano do início – término da publicação (se finalizada), sem o autor do artigo.

REVISTA PAULISTA DE EDUCAÇÃO FÍSICA. São Paulo: Escola de Educação Física e Esportes da Universidade de São Paulo, 2005.

6.2.10.2 Partes de Periódicos – Artigos

São referenciados pelo nome do autor em maiúsculas, título do artigo, nome da revista em destaque, local de publicação, editor, volume, número, páginas consultadas e ano de publicação.

TESTA, A. Q. Entre o canto e a caneta: oralidade, escrita e conhecimento entre os Guarani Mbya. **Revista Educação e Pesquisa**. São Paulo, v. 34, n. 2, p. 291-307, maio/ago. 2008.

6.2.10.3 Artigo de Revistas não Especializadas e Revistas de Circulação Popular

Seguem-se os mesmos procedimentos da especializada.

6.2.10.3.1 Com autor

VASCONCELLOS, J. A atividade física nos parques da cidade. **Revista Isto é**. São Paulo: Três, v. 6, n. 43, p. 12-15, 2000.

6.2.10.3.2 Sem autor

REVISTA VEJA. **Os segredos dos gênios do vestibular**. São Paulo: Abril, v. 8, n. 35, p. 122, 2002.

6.2.10.4 Artigos e/ou Matérias de Jornais

São apresentados com os seguintes elementos essenciais: autor(es) (se houver), título do artigo, nome do jornal (em destaque), local de publicação, data de publicação, seção, caderno ou parte do jornal e a paginação correspondente.

6.2.10.4.1 Com autor

ANDAKU, R. Coisa de profissional. **Folha de S. Paulo**. São Paulo, 27 fev. 2002. Caderno de Esporte, p. 3.

6.2.10.4.2 Sem autor

FOLHA DE SÃO PAULO. **FIFA libera venda de cerveja nos estádios durante a Copa do Mundo**. São Paulo, 27 fev. 2002. Caderno de Esporte, p. 1.

6.2.11 Outras fontes (apostilas, referências no prelo, material xerocopiado e outros)

A referência deve ser descrita conforme as normas de livros, acrescentando-se o tipo de fonte após o ano do documento.

6.2.11.1 Apostilas

BROTTO, F. **Oficina de jogos cooperativos**. São Paulo: Central Pedagógica, 2005. (Apostila)

UNIVERSIDADE DE SÃO PAULO. **Basquetebol**: técnicas e táticas. São Paulo: Escola de Educação Física e Esporte, 2007. (Apostila)

6.2.11.2 Fontes Eletrônicas *Online*

A internet tem sido um meio bastante utilizado para pesquisas, porém é preciso certificar-se de que as fontes são fidedignas, evitando textos que não apresentem autor ou entidade responsável.

Com autoria, a referência desse texto inicia-se pelo sobrenome do autor ou da entidade responsável:

AUTOR. **Título**. Fonte (se for publicada). Disponível em: <endereço eletrônico>. Acesso em: data (dia, mês, ano).

RAMOS, H. **O que priorizar na Educação Física para 1º e 2º anos?** Disponível em: <http://www.revistaescola.com.br>. Acesso em: 6 nov. 2014.

Não é recomendável utilizar materiais eletrônicos de curta duração, e a grande maioria dos textos disponíveis na internet é de curta duração. Por isso, entre outros aspectos, sua validade científica e acadêmica é contestada.

Essas são algumas referências de fontes mais usadas em monografias e projetos de pesquisa. No entanto, outras referências podem ser consultadas na NBR 6023 (ABNT, 2002a), no *site*: <http://www.abnt.org.br>. Apresentam-se como exemplos de elaboração de referências as próprias referências desta obra.

Referências

REFERÊNCIAS

ANDRADE, M. M. de. **Introdução à metodologia do trabalho científico.** 5. ed. São Paulo: Atlas, 2001.

ASSOCIAÇÃO BRASILEIRA DE NORMAS TÉCNICAS. **NBR 6023:** informação e documentação − referências – elaboração. Rio de Janeiro, 2002a.

_____. **NBR 10520:** informação e documentação − apresentação de citações em documentos. Rio de Janeiro, 2002b.

_____. **NBR 12225.** Informação e documentação − lombada – apresentação. Rio de Janeiro, 2004.

_____. **NBR 14724:** informação e documentação − trabalhos acadêmicos − apresentação. Rio de Janeiro, 2011.

BASTOS, L. R. et al. **Manual para elaboração de projetos e relatórios de pesquisa, teses, dissertações e monografias.** 4. ed. Rio de Janeiro: LTC, 1996.

BAUER, M. W.; GASKELL, G. **Pesquisa qualitativa com texto, imagem e som:** um manual prático. Petrópolis: Vozes, 2003.

BRASIL. Ministério do Esporte. **Elementos do processo de pesquisa em esporte escolar**: pré--projeto. Brasília: Universidade de Brasília, 2004.

CENTRO DE ESTUDOS DO LABORATÓRIO DE APTIDÃO FÍSICA DE SÃO CAETANO DO SUL (Celafiscs). **Testes em ciência do esporte.** 6. ed. São Caetano do Sul: Gráficos Burti, 1998.

CERVO, A. L; BERVIAN, P. A. **Metodologia científica.** 5. ed. São Paulo: Prentice Hall, 2002.

DEMO, P. **Metodologia científica das ciências sociais.** São Paulo: Atlas, 1980.

DOXSEY, J. R.; RIZ, J. de. **Metodologia da pesquisa científica.** Espírito Santo: Escola Superior Aberta do Brasil (ESAB), 2005.

ECO, H. **Como se faz uma tese.** 14. ed. São Paulo: Perspectiva, 1998.

FERRARI, A. T. **Metodologia da pesquisa científica.** São Paulo: McGraw-Hill, 1982.

FRANCO, M. L. P. B. Porque o conflito entre tendências metodológicas não é falso. **Cadernos de Pesquisa.** São Paulo: Fundação Carlos Chagas, n. 66, p. 75-80, ago. 1988.

FRIEDMANN, A. **Brincar: crescer e aprender**: o resgate do jogo infantil. São Paulo: Moderna, 1998.

GALLARDO, J. S. P. **Educação física**: contribuições à formação profissional. 3. ed. Ijuí: Unijuí, 2000.

GRION, L. **Como se comunicar por escrito com eficácia**. São Paulo: Madras, 2005.

LAKATOS, E. M.; MARCONI, M. A. **Fundamentos de metodologia científica**. 4. ed. São Paulo: Atlas, 2001.

_____. **Metodologia do trabalho científico**: procedimentos básicos, projeto e relatório, publicações e trabalhos científicos. São Paulo: Atlas, 1985.

LAVILLE, C.; DIONE, J. **A construção do saber**: manual de metodologia da pesquisa em ciências humanas. Belo Horizonte: Artes Médicas, 1999.

LEVIN, J.; FOX, J. A. **Estatísticas para ciências humanas**. 9. ed. Tradução de Alfredo Alves de Farias; revisão técnica de Ana Maria Lima de Farias. São Paulo: Pearson Prentice Hall, 2004.

LUNA, S. V. O falso conflito entre tendências metodológicas. **Cadernos de Pesquisa**. São Paulo: Fundação Carlos Chagas, n. 66, p. 70-74, ago. 1988.

_____. **Planejamento de pesquisa**: uma introdução. São Paulo: EDUC, 2002.

MARINO, E. **Manual de avaliação de projetos sociais**. 2. ed. São Paulo: Saraiva; Instituto Airton Senna, 2003.

MATTOS, M. G.; NEIRA, M. G. **Educação Física Infantil**: construindo o movimento na escola. 7. ed. São Paulo: Phorte, 2008.

MAZZOTTI, A. J. A.; GEWANDSZNAJDER, F. **O método nas ciências naturais e sociais**: pesquisa quantitativa e qualitativa. 2. ed. São Paulo: Pioneira, 1999.

MOURA, F. **Trabalhando com dissertação**. São Paulo: Ática, 1992.

NEIRA, M. G. **Por dentro da sala de aula**: conversando sobre a prática. São Paulo: Phorte, 2004.

OLIVEIRA, P. S. (Org.). **Metodologias das ciências humanas**. São Paulo: UNESP/Hucitec, 1998.

PONTIFÍCIA UNIVERSIDADE CATÓLICA DE SÃO PAULO. **Normas para elaboração de projetos, dissertações, teses e outros textos acadêmicos**. 3. ed. São Paulo: Apostila do Programa de Estudos Pós-graduados em Educação: História, Política e Sociedade, 1997.

PROETTI, S. **Metodologia do trabalho científico**: abordagens para a construção de trabalhos acadêmicos. 3. ed. São Paulo: Loyola, 2002.

RICHARDSON, R. J. et al. **Pesquisa Social**: métodos e técnicas. São Paulo: Atlas, 1985.

ROSSETTO JÚNIOR, A. J. **Jogos e brincadeiras na educação infantil**: balanço da produção discente dos programas de pós-graduação em Educação. 2003. 134 f. Dissertação (Mestrado em Educação) – Pontifícia Universidade Católica de São Paulo, São Paulo, 2003.

_____. Jogos na aprendizagem das habilidades do basquetebol. **Revista da Educação Física/ UEM**, v. 18, p. 32-36, 2007.

ROSSETTO JÚNIOR, A. J.; TROMBINI, C. G. A realidade e a (in)utilidade da Educação Física Escolar, na concepção dos alunos do ensino médio. **Boletim da Federação Internacional de Educação Física**, v. 76, edição especial, p. 300-3. 2006.

RUIZ, A. J. **Metodologia científica**: guia para eficiência nos estudos. 4. ed. São Paulo: Atlas, 1996.

SÁ, E. et al. **Manual de normalização de trabalhos técnicos, científicos e culturais**. 5. ed. Petrópolis: Vozes, 2000.

SALOMON, D. V. **Como fazer uma monografia**. 10. ed. São Paulo: Martins Fontes, 2001.

SEVERINO, A. J. **Metodologia do trabalho científico**. 22. ed. São Paulo: Cortez, 2003.

SILVA, L. R. R. **Desempenho esportivo**: treinamento com crianças e adolescentes. São Paulo: Phorte, 2006.

THIOLLENT. **Metodologia da pesquisa-ação**. São Paulo: Cortez, 1985.

THOMAS, J. R.; NELSON, J. K. **Método de pesquisa em atividade física**. Tradução de Ricardo Petersen et al. 3. ed. Porto Alegre: Artes Médicas, 2002.

UNIVERSIDADE IBIRAPUERA. **Manual de metodologia científica para trabalhos acadêmicos**. São Paulo, 2000, 51 p. (Apostila).

VIANA, H. M. **Testes em educação**. 4. ed. São Paulo: IBRASA, 1982.

Sobre o Livro
Formato: 21 x 28 cm
Mancha: 15,5 x 22,9 cm
Papel: Offset 90 g
nº páginas: 232
4ª edição: 2017

Equipe de Realização
Assistência editorial
Liris Tribuzzi

Assessoria editorial
Maria Apparecida F. M. Bussolotti

Edição de texto
Gerson Silva (Supervisão de revisão)
Augusto Iriarte, Cleide França e Jonas Pinheiro (Preparação do original e copidesque)
Roberta Heringer de Souza Villar e Iolanda Dias (Revisão)

Editoração eletrônica
Vanessa Dal (Diagramação)
David Menezes Silva (Capa)
Douglas Docelino (Ilustrações)

Impressão
Edelbra Gráfica